Mosaik

Die besten Rezepte

aus Berlin und Brandenburg

Zusammengestellt und bearbeitet von
Ulla Jacobs und Heidrun Schaaf

MOSAIK VERLAG

Inhalt

Vorwort

Die Berliner Küche ist noch jung, wenn man sie an den uralten Traditionen anderer deutscher Küchenregionen mißt. Typische Berliner Gerichte sind handfest, einfach und nahrhaft. Einige davon werden gerne in der Eckkneipe gegessen: Rollmöpse, Soleier, Sülzkoteletts, Buletten und Bratheringe. Ein Gericht von dem viele Ausländer meinen es sei typisch deutsch, stammt aus Berlin. Es ist Eisbein mit Sauerkraut und Erbspüree. Apropos Erbsen – zu ihnen haben die Berliner ein gutes Verhältnis. Erbsensuppe, Löffelerbsen und Erbswurst sind bekannte Berliner Speisen. Natürlich auch Hühnerfrikassee, Kasseler Rippenspeer, Berliner Pfannkuchen und viele andere. Die Küche Brandenburgs hält sich, was die Berühmtheit ihrer Gerichte anbetrifft, etwas im Hintergrund. Aber Sie werden beim Durchblättern viele schöne Rezepte aus der Region finden.

Vorspeisen und kleine Gerichte

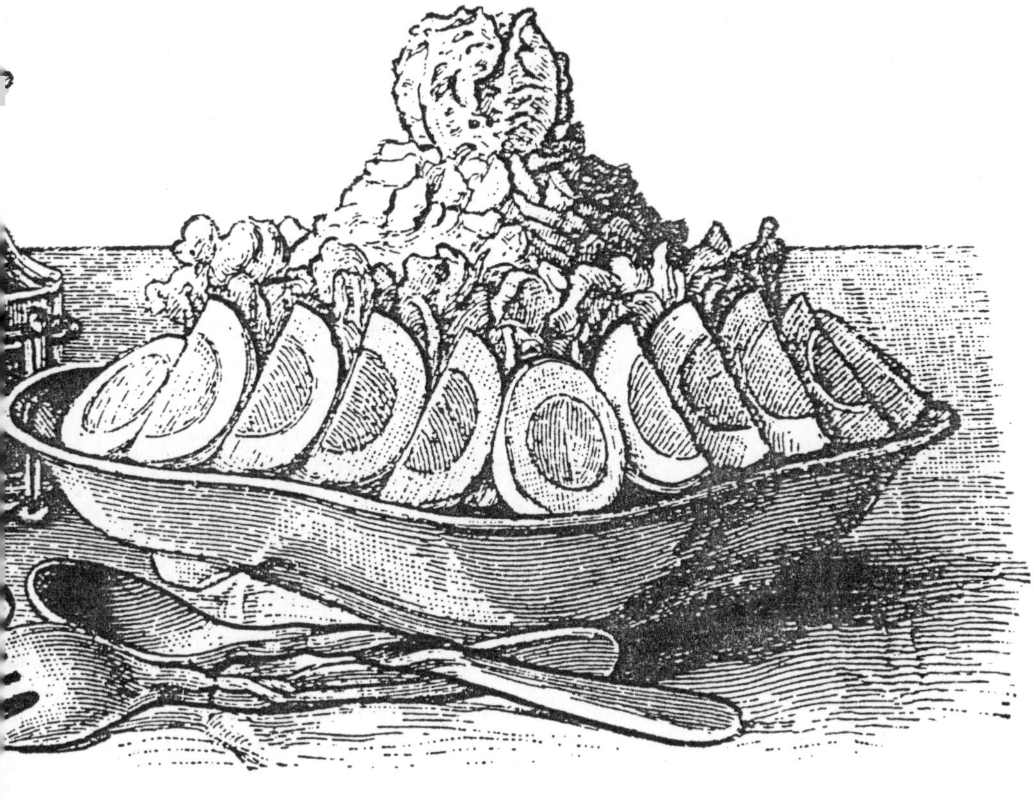

Ragout fin

Zutaten für 4 Personen

2 Hühnerbrüstchen (400 g)
1 Kalbszunge (350 g)
1 Bund Suppengrün
1 Zwiebel
1/2 Lorbeerblatt
1 1/2 l Wasser
Salz
300 g Kalbfleisch
1 Kalbsbries von 200 g
Für die Soße:
50 g Butter
60 g Mehl
3/4 l heiße Kalbsbrühe
Salz
weißer Pfeffer
200 g Champignons
1 Teelöffel Zitronensaft
1 Eßlöffel Butter
1 Eigelb
100 g Sahne
Saft einer halben Zitrone

Obwohl das Ragout fin in deutschen Kochbüchern und auf deutschen Speisekarten nur unter seiner noblen französischen Bezeichnung zu finden ist, ist es doch eine deutsche Spezialität. Genauer gesagt: Es stammt aus der Berliner Küche. Noch genauer: Aus der kaiserlichen Hofküche.

Hühnerbrüstchen häuten. Sie kommen 30 Minuten vor Ende der Garzeit in den Topf.
Kalbszunge unter fließendem Wasser waschen. Fett und Knorpel abschneiden. Suppengrün putzen, waschen, trocknen und in Stücke schneiden. Zwiebel schälen und mit dem Lorbeerblatt spicken. Zunge, Suppengrün und Zwiebel in einen Topf geben. Mit Wasser begießen, salzen und aufkochen lassen. Dann zugedeckt 60 Minuten kochen.
Kalbfleisch unter fließendem Wasser abspülen. Abtropfen lassen und nach 15 Minuten auch in den Topf geben.
Kalbsbries unter kaltem Wasser so lange waschen, bis kein Blut mehr austritt. Abtropfen lassen. Nach 60 Minuten in den Topf geben und mit den übrigen Zutaten 20 Minuten ziehen (nicht mehr kochen) lassen. Zunge, das Fleisch, Hühnerbrüstchen und Bries aus der Brühe nehmen und abtropfen lassen.
Zunge und Bries häuten. Alle Fleischstücke knapp 1 cm groß würfeln. Beiseite stellen. Brühe durchsieben. 3/4 l abmessen. Für die Soße Butter in einem Topf erhitzen. Mehl auf einmal reinschütten

und unter Rühren 3 Minuten durchschwitzen lassen. Heiße Kalbsbrühe angießen. 8 Minuten kochen lassen. Mit Salz und Pfeffer abschmecken und vom Herd nehmen.
Inzwischen die Champignons putzen, in Streifen schneiden und mit Zitronensaft beträufeln. In der Butter 5 Minuten durchschwenken. Leicht salzen. Fleischwürfel und Champignons in der Soße erhitzen. Eigelb in einem Becher mit Sahne und etwas Soße verquirlen. In das Ragout rühren. Den Zitronensaft ebenfalls. Ragout bis kurz vorm Kochen erhitzen. Heiß servieren.
Wann reichen? In Blätterteigpasteten oder Muscheln als Vorspeise oder mit Salat und Reis als leichtes Mittagessen.
PS: Wenn Sie Ragout fin in Muscheln servieren, können Sie es mit Semmelbröseln, geriebenem Emmentaler und Butterflöckchen überbacken.

Noch feiner wird das Ragout, wenn man anstelle der Champignons getrocknete, in Stückchen geschnittene Morcheln verwendet.

Morcheln auf Berliner Art

Zutaten für 4 Personen

150 g Morcheln aus der Dose
20 g Butter oder Margarine
1/2 l Wasser
100 g Spargel aus der Dose
100 g Krebsfleisch aus der Dose
Saft einer halben Zitrone
Salz
weißer Pfeffer
1 Glas Weißwein
1 1/2 Teelöffel Speisestärke
6 Eßlöffel Sahne
1/2 Bund Dill

Morcheln unter kaltem Wasser gründlich abspülen, abtropfen lassen, trockentupfen und, je nach Größe, halbieren oder vierteln. Butter oder Margarine in einem Topf erhitzen. Pilze und Wasser reingeben. 15 Minuten dünsten. Spargel und Krebsfleisch abtropfen lassen. Spargel in 2 bis 3 cm lange Stücke schneiden. Das Krebsfleisch (Chitinstreifen entfernen) leicht zerpflücken. Beides zu den Morcheln geben. Mit Zitronensaft, Salz und Pfeffer würzen. Weißwein angießen. 2 Minuten kochen lassen. In wenig kaltem Wasser angerührte Speisestärke unter Rühren reingeben. Einmal aufkochen lassen. Topf vom Herd nehmen. Sahne einrühren. Erhitzen, aber nicht mehr kochen lassen. In vier vorgewärmte Schälchen füllen. Mit gewaschenem, trockengetupftem und fein gehacktem Dill bestreut servieren.
Wann reichen? Mit Toastbrot und Butter als Vorspeise.

Wenn Spargelsaison ist, sollten Sie für dieses Gericht frischen Spargel verwenden.

Krebssalat nach Horcher

Horcher war im Berlin der zwanziger Jahre ein berühmtes Restaurant. Servieren Sie zu dieser edlen Vorspeise Toast und ein Glas Champagner oder Weißwein.

Wenn Sie Krebsfleisch aus der Dose verwenden, dieses auf einem Sieb abtropfen lassen (Schwänze für die Garnierung beiseite legen). Zerpflücken und dabei Chitinstreifen entfernen. Champignons putzen und in Scheiben schneiden. Mit Zitronensaft beträufeln und in der Butter dünsten. Leicht salzen. Abgetropfte Trüffel in kleine Stifte schneiden. Alles in eine Schüssel geben. Tomaten waschen, häuten, Stengelansätze rausschneiden. Die Tomaten entkernen, würfeln und auch in die Schüssel geben.
Für die Marinade Mayonnaise mit Sherry und Sahne in einer Schüssel verrühren und schaumig schlagen. Mit Worcestersoße, Tomatenketchup, Zucker, Salz und Pfeffer abschmecken. Über den Salat gießen. Zugedeckt 10 Minuten im Kühlschrank ziehen lassen.
In der Zwischenzeit Salat putzen, zerpflücken, Blätter waschen, trockentupfen und in Streifen schneiden. Eine Glasschale damit auslegen. Den Salat reinfüllen. Mit den zurückgelassenen Krebsschwänzen garnieren. Kalt servieren.

Zutaten für 4 Personen

Für den Salat:
300 g Krebsfleisch
(frisch oder aus der Dose)
1 Teelöffel Zitronensaft
1 Eßlöffel Butter
300 g Champignons
2 schwarze Trüffel aus der Dose (60 g)
3 Tomaten
Für die Marinade:
1 Beutel Mayonnaise (60 g)
1 Glas (2 cl) Sherry
5 Eßlöffel Sahne
2 Tropfen Worcestersoße
1 Teelöffel Tomatenketchup
1 Eßlöffel Zucker
Salz
weißer Pfeffer
Außerdem:
1/2 Kopf Salat

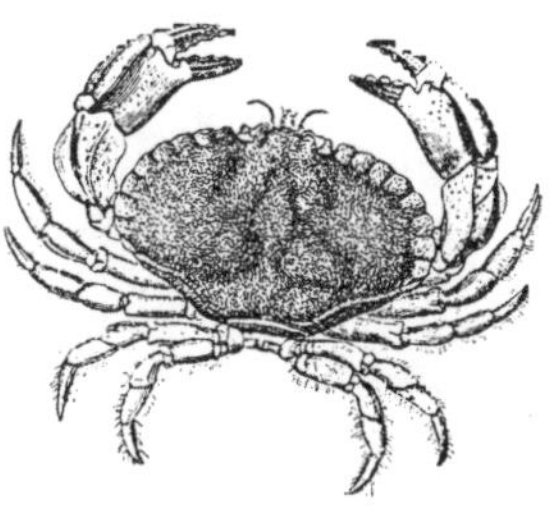

Strammer Max

Zutaten für 4 Personen

4 Scheiben Bauernbrot
20 g Butter
200 g roher Schinken (gewürfelt)
50 g Margarine
8 Eier
Salz
weißer Pfeffer
Für die Garnierung:
1 Bund Schnittlauch
1 Gewürzgurke
1 Tomate

Der Stramme Max hat zwei Vorteile: Er schmeckt gut und ist schnell zubereitet. Ursprünglich kommt dieses Rezept aus Berlin. Heute gibt es aber kaum noch eine Speisekarte in der ganzen Bundesrepublik, auf der er nicht zu finden wäre.

Bauernbrot mit Butter bestreichen und jede Scheibe auf einen Teller legen. Darauf kommen je 50 g Schinkenwürfel. Die Hälfte der Margarine in einer Pfanne erhitzen. 4 Eier nacheinander ins heiße Fett gleiten lassen. Zu Spiegeleiern braten. Je 2 Spiegeleier auf eine Scheibe Brot legen. Die anderen Eier genauso bereiten. Eiweiß mit Salz und Pfeffer würzen.
Für die Garnierung Schnittlauch abspülen, trockentupfen und kleinschneiden. Die Eier damit bestreuen. Gurke in Scheiben schneiden. Tomate waschen. Stengelansatz rausschneiden, Tomate vierteln. Die Brote mit Gurkenscheiben und Tomatenvierteln garnieren und sofort servieren.

In vielen Gegenden wird der Stramme Max mit Scheiben von gekochtem oder rohem Schinken zubereitet, auch wenn das nicht dem Originalrezept der Berliner entspricht. Auf jeden Fall geht es so schneller.

Saure Eier mit Specksoße

Obwohl dieses Gericht aus Brandenburg stammt, halten es die Berliner für eins ihrer ureigensten Rezepte. So gut schmeckt es ihnen.

Zutaten für 4 Personen

Für die Specksoße:
150 g durchwachsener Speck
2 Zwiebeln
3 Eßlöffel Mehl
knapp 1/4 l heiße Fleischbrühe aus Würfeln
3 Eßlöffel Essig
Salz
weißer Pfeffer
Zucker
Außerdem:
8 Eier

Für die Soße Speck fein würfeln. In einem Topf auslassen. Zwiebeln schälen und hacken. Im Speck in 3 Minuten hellbraun braten. Mit Mehl bestäuben. So lange rösten, bis es eine dunkle Farbe bekommen hat. Das dauert etwa 3 Minuten. Mit Fleischbrühe ablöschen. Zugedeckt 5 Minuten kochen lassen. Mit Essig, Salz, Pfeffer und Zucker süßsauer abschmecken.
Während die Soße kocht, die Eier in sprudelndem Wasser 7 bis 8 Minuten kochen lassen. Kurz unter kaltem Wasser abschrecken und dann schälen. Eier in eine Schüssel legen. Mit Soße übergießen und servieren.
Beilagen: In Berlin ißt man dazu Quetschkartoffeln. Die macht man so: Salzkartoffeln grob zerdrücken, mit Milch und Butter verrühren und mit Salz und geriebener Muskatnuß abschmecken. Sie können aber auch Pellkartoffeln dazu servieren. Gut schmeckt dazu Kopf- oder Gurkensalat in Essig-Öl-Marinade.
Auch Tomatensalat paßt sehr gut.

Schusterpastete

Zutaten für 4 Personen

2 Salzheringe (400 g)
75 g geräucherter durchwachsener Speck
4 Zwiebeln
250 g Schweinebraten (fertig gekauft oder Bratenreste)
1 kg Pellkartoffeln
Salz
schwarzer Pfeffer
Butter zum Einfetten
1/4 l saure Sahne
50 g geriebener Emmentaler Käse

Was für die Pastete in die Schüssel kam, bestimmte der Geldbeutel. Bei armen Leuten war die Schusterpastete häufig nur eine Heringspastete. Auf den reichen Gütern bevorzugte man Wild- oder Geflügelfleisch. Und wer finanziell dazwischen angesiedelt war, servierte die gemischte Pastete, die wir Ihnen in unserem Rezept vorstellen. In manchen Gegenden gab man übrigens auch noch Sauerkraut dazu.

Heringe 5 Stunden in kaltem Wasser wässern. Hin und wieder das Wasser erneuern. Speck klein würfeln und in einer Pfanne 3 Minuten auslassen. Zwiebeln schälen und fein hacken. Zum Speck geben und 5 Minuten braten. Fleisch in 1 cm große Würfel schneiden. Heringe aus dem Wasser nehmen, abtrocknen, Kopf und Flossen abschneiden. Die Fische dann ausnehmen, entgräten und in Streifen schneiden. Die Pellkartoffeln schälen und in 1/2 cm dicke Scheiben schneiden. Speck und Zwiebeln aus der Pfanne nehmen. Fett noch mal erhitzen. Kartoffeln reingeben. Mit Salz und Pfeffer würzen und 5 Minuten braten. Eine flache feuerfeste Form mit Butter einfetten. Kartoffeln, Speck und Zwiebeln, Fleisch und Hering lagenweise einschichten. Oberste Schicht Kartoffeln. Saure Sahne in einem Becher verquirlen und leicht salzen. Über die Pastete gießen. Käse drüberstreuen. Form in den vorgeheizten Ofen auf die mittlere Schiene stellen. Bei 180 Grad 40 Minuten backen.

Pastete nach Beendigung der Backzeit aus dem

Backofen nehmen und in der Form sehr heiß servieren.
Wann reichen? Mit Kopfsalat oder Endiviensalat in Zitronenmarinade als Mittag- oder Abendessen.

Sie können auch andere frische Gemüse oder beliebige Rohkostsalate der Saison dazu reichen. Als Getränk paßt am besten helles Bier.

Blutwurst mit Linsen

Zutaten für 4 Personen

500 g Schnellkochlinsen
400 g Blutwurst
30 g Margarine
80 g geräucherter, durchwachsener Speck
Salz
1/2 Bund Petersilie

Linsen nach Vorschrift kochen. Blutwurst häuten. In dicke Scheiben schneiden. Margarine erhitzen. Blutwurst darin auf beiden Seiten knusprig braten. Speck würfeln. Im Topf auslassen. Abgetropfte Linsen darin kurz schmoren. Leicht salzen. Zusammen mit der Blutwurst anrichten. Mit gehackter Petersilie bestreuen. Beilagen: Salzkartoffeln oder Kartoffelbrei. Als Getränk paßt Bier.

Wenn Sie eine Dose Linsen kaufen, machen Sie sich's noch einfacher mit dem Kochen.

Häckerle

Zutaten für 4 Personen

4 Salzheringe
2 hartgekochte Eier
2 Äpfel
2 kleine Zwiebeln
4 Eßlöffel saure Sahne
1 Teelöffel Senf
Pfeffer
1 Prise Zucker
eventuell Salz

Hier haben Sie ein beliebtes Berliner Rezept, das ursprünglich aus Schlesien stammt. Häckerle serviert man als Beilage zu Pellkartoffeln. Häckerle kommt übrigens von hacken.

Salzheringe über Nacht wässern. Am nächsten Tag ausnehmen, häuten und filieren. Heringsfleisch und geschälte Eier fein würfeln. Auch die gewaschenen, halbierten, entkernten Äpfel. Geschälte Zwiebeln fein hacken.
Alles in einer Schüssel mischen. Saure Sahne mit Senf in einem Becher verrühren. Mit Pfeffer und Zucker abschmecken. Eventuell noch nachsalzen. Aufs Häckerle geben, mischen, 30 Minuten ziehen lassen und servieren.
Beilagen: Pellkartoffeln und Butter oder Graubrot.

Häckerle als Brotaufstrich durch den Fleischwolf drehen.

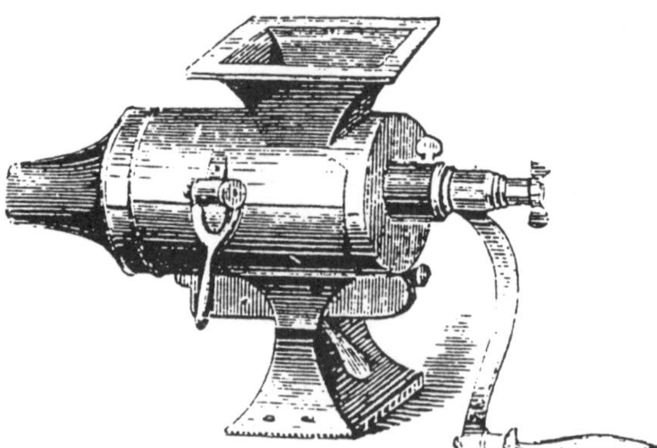

Bockwurst in Blätterteig

Die Bockwurst verdankt ihren Namen der Tatsache, daß sie ursprünglich zum Bockbier gereicht wurde.

Zutaten für 5 Personen

1 Paket Tiefkühlblätterteig
5 Bockwürste
1 Eigelb
Salz

Blätterteigscheiben (5 sind in einer Packung) nach Vorschrift auftauen lassen. Je ein Würstchen in eine Teigscheibe einrollen. Eigelb mit etwas Salz verquirlen. Oberseite der Teigrollen damit bestreichen. In den vorgeheizten Ofen schieben. 15 Minuten bei 220 Grad backen.
Beilage: Tomaten- oder Curryketchup.

Bockwurst-Schaschlick

Zutaten für 4 Personen

4 Bockwürste
2 Zwiebeln
1 kleine Salatgurke
2 rote Paprikaschoten
100 g durchwachsener Speck
Öl zum Bestreichen

Würste in Scheiben, geschälte Zwiebeln in Achtel, Salatgurke in Scheiben und geputzte Paprikaschoten in Schnitzel schneiden. Durchwachsenen Speck auch in Scheiben schneiden. Abwechselnd auf Spieße stecken. Mit Öl bepinseln. In einer Pfanne braten oder noch besser auf dem Rost im Ofen etwa 15 Minuten grillen.
Beilagen: Schaschlik- oder Currysoße und Stangenbrot. Als Getränk empfehlen wir Bier.

Lucca-Augen

Zutaten für 4 Personen

---

250 g mageres Rindfleisch
Salz
weißer Pfeffer
1/2 Zwiebel
8 frische Austern
8 Scheiben Toastbrot
1 Glas Kaviar (26 g)
1 Zitrone

Die Wienerin Pauline Lucca feierte vor rund hundert Jahren als Opernsängerin an der Königlichen Hofoper Berlin Riesenerfolge. Ihr Lehrer war Giacomo Meyerbeer. Später ging die Lucca dann nach Wien, London, Petersburg und Amerika. Ihre Erfolge verdankte die Sängerin aber auch ihrer faszinierenden Erscheinung. Vor allem ihre Augen hatten es dem Publikum angetan. Der Küchenchef des Berliner Restaurants Kempinski widmete ihr die Lucca-Augen.

Rindfleisch in 3 cm große Würfel schneiden. Mit Salz und Pfeffer würzen und durch die feinste Scheibe des Fleischwolfs geben. Geschälte Zwiebel reiben und mit dem Tatar mischen. Austern mit einem Austernbrecher (spezielles Austernmesser) vorsichtig öffnen. Flüssigkeit der Austern auf das Tatarfleisch träufeln. Austern entbarten. Brotscheiben toasten, rund ausstechen und mit Tatarfleisch belegen. Darauf je eine Auster setzen. Mit Kaviar augenbrauenförmig umlegen. Etwas Pfeffer drübermahlen. Mit Zitronenspalten auf einer Platte anrichten.
Wann reichen? Als Vorspeise, zum Sektfrühstück oder als Mitternachtsimbiß.

Kartoffel-Gurken-Salat Spreewälder Art

Der Spreewald in der Niederlausitz, beiderseits der Spree, ist seit Jahrzehnten berühmt für seine Gurken – und für die vorzüglichen Gurkenrezepte.

Zutaten für 4 Personen

1 kg Salatkartoffeln
Salz
1 Salatgurke von 600 g
2 Zwiebeln
5 Eßlöffel Essig
weißer Pfeffer
1 Prise Zucker
je 1 Bund Petersilie und Dill
1/8 l saure Sahne
Für die Garnierung:
4 Stengel Dill

Kartoffeln unter fließendem Waser abbürsten. In einen Topf mit kaltem Wasser geben. Salzen. Vom Kochen an in 30 Minuten garen.
In der Zwischenzeit Salatgurke waschen, mit Haushaltspapier abtrocknen. Ungeschält in dünne Scheiben schneiden. Zwiebeln schälen und sehr fein hacken. Mit den Gurkenscheiben (4 Scheiben zum Garnieren zurücklassen) in eine Schüssel geben. Die Kartoffeln abgießen. Schnell abschrecken, abziehen und etwas abkühlen lassen. In gleichmäßige 1/2 cm dicke Scheiben schneiden. In eine Schüssel geben. Noch lauwarm mit Essig beträufeln. Salz, Pfeffer und Zucker drüberstreuen, 10 Minuten ziehen lassen.
In der Zwischenzeit Petersilie und Dill unter kaltem Wasser abbrausen, mit Haushaltspapier trockentupfen und fein hacken. Saure Sahne verquirlen, die gehackten Kräuter zugeben und über die Gurken gießen. Kartoffelscheiben vorsichtig untermischen. Zugedeckt 20 Minuten im Kühlschrank ziehen lassen. Eventuell mit Salz und Pfeffer abschmecken. In eine Glasschüssel füllen. Mit dem gewaschenen Dill und zurückgelassenen Gurkenscheiben garniert servieren.
Wann reichen? Als Abendessen mit Bockwurst und Bier.

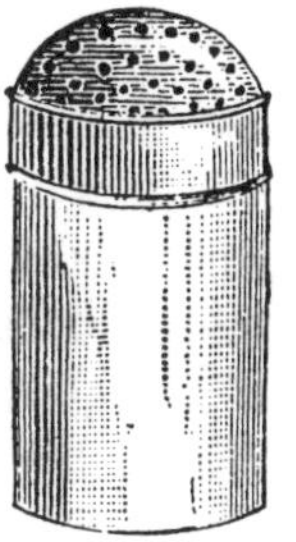

Schrippe mit Hackepeter

Zutaten für 4 Personen

4 Schrippen aus Weizenmehl, Roggenmehl oder Mischmehl
60 g Butter
400 g grobes Schweinehack
2 Zwiebeln
Salz
schwarzer Pfeffer
2 Salzgurken

Was für die Westfalen das Mettbrötchen, ist für die Berliner die Schrippe mit Hackepeter. Nämlich ein Brötchen – die Schrippe – mit grobem, pikant gewürztem Schweinehack. In Berlin wird diese typische Spezialität nicht nur in kleinen und großen Kneipen, sondern auch in Restaurants angeboten.

Schrippen aufschneiden und beide Hälften mit Butter bestreichen. Schweinehack in eine Schüssel geben. Zwiebeln schälen, fein würfeln und mit dem Fleisch mischen. Hackepeter mit Salz und Pfeffer pikant würzen. Auf die Schrippenhälften verteilen. Auf einer Platte anrichten und mit in Scheiben geschnittenen Salzgurken garnieren.
PS: Dazu trinkt man in Berlin eine Molle helles Bier und einen Korn.

Eine verfeinerte Art ist Schrippe mit Tatar, das wie Hackepeter gewürzt wird.

Selleriesalat märkische Art

Sellerieknollen unter kaltem Wasser abbürsten, schälen und in 1/2 cm dicke Scheiben schneiden. Wasser und 4 Eßlöffel Öl in einem Topf mischen. Mit Salz und Zucker würzen. Selleriescheiben reinlegen und bei schwacher Hitze 20 Minuten kochen lassen. Die Flüssigkeit soll dabei einkochen.
In der Zwischenzeit Zwiebel schälen und fein hacken oder reiben. Petersilie oder Kerbel abbrausen, trockentupfen und auch hacken. Essig und Senf mit dem restlichen Öl in einer Schüssel mischen. Mit Salz und Pfeffer abschmecken. Sellerie, Zwiebel und Petersilie oder Kerbel reingeben und alles gut mischen. Bis zum Servieren 120 Minuten zugedeckt im Kühlschrank durchziehen lassen.
Wozu reichen? Zu gebratenem Fleisch, zu Buletten, Bratwürstchen oder gebackenem Fisch.

Zutaten für 4 Personen

2 Sellerieknollen (800 g)
1/4 l Wasser
6 Eßlöffel Öl
Salz
1 Prise Zucker
1 Zwiebel
1/2 Bund Petersilie oder frischer Kerbel
4 Eßlöffel Weinessig
1 Teelöffel Senf
gemahlener weißer Pfeffer

Sülzen und Eingelegtes

Sülzkotelett Berliner Art

Zutaten für 4 Personen

500 g Koteletts am Stück
1 Bund Suppengrün
1 l Wasser
Salz
1 Zwiebel
1 Lorberblatt
5 Pfefferkörner
2 Nelken
1 Eiweiß
1 Eischale
8 Blatt weiße Gelatine
3 Eßlöffel Essig
Salz
Für die Garnierung:
1 hartgekochtes Ei
5 Champignons aus der Dose
1 Gewürzgurke
1 kleine gekochte Möhre
1/2 Bund Petersilie
1 Tomate

Kotelettstück vom Fleischer ansägen lassen, damit man es später gut schneiden kann. Unter kaltem Wasser abspülen. Trockentupfen. Suppengrün putzen, waschen, in Würfel oder Stücke schneiden. In einem Topf Wasser sprudelnd aufkochen und salzen. Fleisch und Suppengrün reingeben. Geschälte Zwiebel, Lorbeerblatt, Pfefferkörner und Nelken dazugeben. Zugedeckt 80 Minuten kochen lassen.
Fleisch aus der Brühe nehmen und in vier Scheiben schneiden. Brühe durch ein Sieb gießen und im offenen Topf auf etwa 1/2 l Flüssigkeit einkochen lassen. Jetzt wird die Brühe geklärt, das heißt, von allen trüben Bestandteilen befreit. Dazu Eiweiß und die gut zerkleinerte Eischale mit etwas Wasser verquirlen. In die Brühe rühren. Unter ständigem Rühren Brühe bei starker Hitze bis kurz vorm Kochen erhitzen. Dabei gerinnt das Eiweiß. Geronnenes Eiweiß ständig abschöpfen. Die Brühe erkalten lassen.
In der Zwischenzeit die Gelatine in kaltem Wasser 10 Minuten quellen lassen. Die erkaltete Brühe durch ein sauberes Leinentuch gießen und wieder aufkochen. Die Gelatine ausdrücken und in die heiße Brühe rühren. So lange weiterrühren, bis die Gelatine sich gelöst hat. Brühe mit Essig und Salz abschmecken.
Den Boden von 4 Sülzkotelettformen 5 mm hoch mit etwas Brühe ausgießen. Im Kühlschrank fest werden lassen. Das dauert etwa 10 Minuten. Sollte die restliche Brühe inzwischen fester werden, bei ganz schwacher Hitze warm halten, dann

bleibt sie flüssig. Für die Garnierung hartgekochtes Ei schälen und in Scheiben schneiden. Die Champignons abtropfen lassen, blättrig schneiden. Gewürzgurke und Möhre mit dem Buntmesser in Scheiben schneiden. Garnierung auf dem Gelatinespiegel anrichten, Koteletts drauflegen. Mit der restlichen Brühe übergießen.

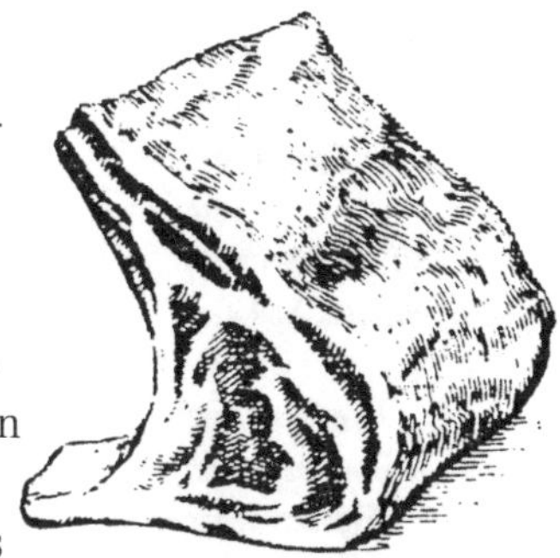

Im Kühlschrank mindestens 120 Minuten erstarren lassen. Gelee vorsichtig mit einem Messer von den Rändern der Formen lösen. Die Böden der Formen kurz ins heiße Wasser tauchen. Koteletts auf 4 Teller stürzen. Petersilie abbrausen, trockentupfen und in Sträußchen teilen. Tomate waschen, abtrocknen, achteln und Stengelansatz rausschneiden. Koteletts mit Petersiliensträußchen und Tomate garniert servieren.
Beilagen: Bratkartoffeln und Kopfsalat.

Statt Koteletts am Stück können Sie auch ein Stück Kasseler verwenden.

Gänse-Weißsauer mit Kräutersoße

Zutaten für 4 Personen

Für das Weißsauer:
1 Gänsekeule
1 Gänsebrust
Salz
150 g Suppengrün (Lauch, Möhren, Sellerie, Zwiebel)
1 Lorbeerblatt
2 Gewürznelken
5 Pfefferkörner
2 Eßlöffel Essig
1 Prise Zucker
Pfeffer
8 Blatt weiße Gelatine
1 Gewürzgurke
Für die Kräutersoße:
30 g Margarine
30 g Mehl
1/2 l Brühe aus Würfeln
1 Eßlöffel Mayonnaise
reichlich Dill, Estragon, Petersilie und Schnittlauch
Saft einer halben Zitrone

Gänsefleisch waschen. In 1 l kochendes, gesalzenes Wasser geben. In 60 Minuten gar kochen. Suppengrün waschen, klein schneiden. Nach 40 Minuten Kochzeit in die Brühe geben. Auch Lorbeerblatt, Gewürznelken und Pfefferkörner. Fleisch aus der Brühe nehmen. In grobe, gleichmäßige Stücke schneiden und abkühlen lassen. Brühe durchsieben und entfetten. Auch abkühlen lassen. Mit Essig, Zucker, Salz und Pfeffer abschmecken.

Gelatine einweichen, ausdrücken, im Topf auflösen und in die Brühe rühren. Gewürzgurke in Scheiben schneiden. Mit dem Gänsefleisch und dem Gemüse mischen. Sobald die Brühe anfängt steif zu werden, gießen Sie einen Spiegel (die erste Schicht) in eine runde Schüssel und packen dann die Fleisch-Gemüse-Mischung darauf. Mit der Aspikmasse übergießen. Dann kalt stellen und erstarren lassen.

Für die Kräutersoße die Margarine im Topf erhitzen. Mehl reinrühren, mit Brühe ablöschen. 5 Minuten kochen, damit das Mehl gar wird. Abkühlen lassen. Zwischendurch hin und wieder umrühren, damit sich keine Haut bildet. Mayonnaise und die gewaschenen, gehackten Kräuter unterrühren. Mit Zitronensaft abschmecken. Eventuell nachsalzen. Vor dem Anrichten die Schüssel mit dem Gänse-Weißsauer kurz in heißes Wasser tauchen. Auf eine runde Platte stürzen. Die Kräutersoße wird immer getrennt dazu serviert. Beilage: Bratkartoffeln.

Schweinskopfsülze

Schweinskopfsülze können Sie natürlich bei Ihrem Fleischer kaufen. Aber bereiten Sie die Sülze doch mal selber. Nach diesem Berliner Rezept aus Großmutters Kochbuch ist sie ein Hochgenuß.

Zutaten für 4 Personen

1 kg magerer Schweinskopf
1 l Wasser
Salz
1 Zwiebel
1 Möhre
2 Gewürzgurken
weißer Pfeffer
4 Blatt weiße Gelatine
2 Eßlöffel Essig

Schweinskopf unter kaltem Wasser gründlich waschen und abtropfen lassen. Wasser und Salz in einem Topf aufkochen. Schweinskopf darin 80 Minuten kochen lassen.
In der Zwischenzeit Zwiebel schälen, Möhre putzen. Beides in dünne Scheiben schneiden, ebenso die Gewürzgurken. Fleisch aus der Brühe nehmen. Abkühlen lassen. Dann von den Knochen lösen und in 2 cm große Würfel schneiden. Von der Brühe 1/2 l Flüssigkeit in einen Topf gießen. Mit Salz und Pfeffer abschmecken. Zwiebel- und Möhrenscheiben 20 Minuten kochen lassen. Gelatine einweichen, ausdrücken und in etwas heißer Brühe auflösen. Das Schweinskopffleisch, Gemüse und die ganze Brühe in einer Schüssel mischen. Mit Essig abschmecken. Die aufgelöste Gelatine reinrühren. Sülze 50 Minuten im Kühlschrank erstarren lassen. Dann stürzen.
Wann reichen? Mit Gewürzgurken und Bratkartoffeln als Abendessen. Ganz besonders gut schmeckt die Sülze mit frisch gemahlenem, schwarzem Pfeffer, Essig und Öl zu Schwarzbrot und Butter. Als Getränk paßt dazu am besten Bier. Ein klarer Schnaps vorweg oder hinterher ist immer richtig.

Hering in Gelee

Zutaten für 6 Personen

2 Möhren
1 Zwiebel
1 Lorbeerblatt
6 Pimentkörner
1/2 Teelöffel Senfkörner
3/4 l Wasser
1/4 l Weißwein
1/8 l Weinessig
Salz
14 Blatt weiße Gelatine
1 Ei
6 grüne Heringe (je 150 g)
1 Bund frischer Dill

Möhren und Zwiebel schälen, vierteln. Mit Gewürzen, Wasser, Weißwein, Essig und Salz in einen großen Topf geben. Aufkochen und bei schwacher Hitze 15 Minuten weiterkochen. Gelatine in kaltes Wasser legen. Ei in 10 Minuten hartkochen. Kalt abschrecken.
Heringe schuppen. Innen und außen unter kaltem Wasser abspülen. Köpfe und Schwänze abschneiden. Vom Kopfende aus den Rücken mit einem scharfen Messer entlang der Gräte einschneiden. Das oben liegende Heringsfilet sauber von den Gräten lösen. Gräten mit den Innereien in einem Stück vom unten liegenden Filet lösen. Filets in der Mitte quer teilen. In den heißen Sud geben und 7 Minuten ziehen lassen. Filets rausheben, auf eine Platte legen. Mit Alufolie abdecken.
Sud durch ein Sieb in einen Topf gießen. Möhren aufheben. Gelatine ausdrücken, in den Sud geben und darin auflösen. Kalt stellen. Nach 15 Minuten, wenn die Geleemasse erkaltet, aber noch nicht gestockt ist, in 6 Tassen je 2 Eßlöffel Gelee füllen. Stocken lassen. Ei schälen, in Scheiben schneiden. Eischeiben in die Tassen verteilen und mit etwas Gelee übergießen. Je ein abgetropftes Heringsstück mit der Hautseite nach außen an die Tassenwände legen. Gewaschenen, in Sträuße zerpflückten Dill in die Zwischenräume geben. Möhren in Scheiben schneiden und mit den restlichen Filets in der Mitte verteilen. Vorsichtig mit Gelee vollgießen. 3 bis 4 Stunden kalt stellen und stocken lassen.
Die Tassen in heißes Wasser tauchen. Dann die Heringe in Gelee auf sechs Teller stürzen.

Aal in Aspik

Die Berliner lieben Sülzen. Wenn Sie dieses Rezept ausprobieren, wissen Sie warum.
Aal in Aspik eignet sich besonders gut als Abendessen.

Aal ausnehmen und säubern. Nicht abziehen. In gleichmäßige Stücke schneiden. Leicht salzen. Wasser und Essig aufkochen. Mit Pfeffer, Lorbeerblatt, Wacholderbeeren und Pfefferkörnern würzen. Geputzte Möhren mit dem Buntmesser in Scheiben schneiden. Reingeben. Den Madeira auch. Aalstücke darin 25 Minuten ziehen lassen. Stücke rausnehmen. Abkühlen lassen.
Inzwischen eine Kranzform mit Möhren-, Eier-, Tomaten- und Gurkenscheiben auslegen. Fischsud mit Gelatine dicken. Davon einen Spiegel (das heißt die erste Schicht) über die Scheiben gießen. Leicht andicken lassen. Dann die Form mit den Aalstücken füllen, obendrauf noch restliche Gemüse- und Eierstücke garnieren. Restlichen Gelatine-Fischsud darüber verteilen.
Im Kühlschrank kalt werden lassen. Zum Servieren auf eine Platte stürzen.
Beilagen: Toastbrot und Butter oder Bratkartoffeln.

Zutaten für 4 Personen

1 kg Aal
Salz
1/2 l Wasser
1/2 Tasse Essig
Pfeffer
1 Lorbeerblatt
6 Wacholderbeeren
5 Pfefferkörner
1 große Möhre
1 Glas Madeira
8 Blatt weiße Gelatine
3 hartgekochte Eier
2 Tomaten
2 Gewürzgurken
1 Bund Petersilie

Bratheringe in Essigmarinade

Zutaten für 8 Personen

8 grüne Heringe
Saft einer Zitrone
Salz
1 Eßlöffel Mehl
85 g Margarine
Für die Marinade:
$^3/_8$ l Wasser
$^3/_8$ l Essig
2 Zwiebeln
2 Lorbeerblätter
2 Teelöffel Senfkörner
1 Prise Zucker
2 getrocknete Peperoni

Bratheringe in Essigmarinade ist ein typisches Berliner Gericht. Es steht in jeder Eckkneipe auf der Speisekarte.

Heringe schuppen, ausnehmen. Köpfe und Flossen abschneiden. Waschen. Mit Zitronensaft beträufeln. 10 Minuten einziehen lassen. Dann salzen und in Mehl wenden. Margarine in einer großen Pfanne erhitzen. Heringe auf beiden Seiten 7 Minuten darin braten. Leicht abkühlen lassen. Für die Marinade Wasser und Essig mischen. Zwiebeln schälen und in Ringe schneiden: In die Flüssigkeit geben. Mit den übrigen Zutaten kurz aufkochen. Marinade abkühlen lassen. Die noch warmen Heringe in eine Schüssel legen. Marinade drübergießen. Die Fische müssen ganz bedeckt sein. Nach 24 Stunden können die Bratheringe gegessen werden. Beilage: Bratkartoffeln oder Kartoffelbrei.

Rollmops

Salzheringe 12 Stunden wässern. Anschließend ausnehmen. Kopf, Flossen und Schwanz abtrennen. Danach die Filets vorsichtig von den Gräten lösen. Unter fließendem Wasser abspülen. Trockentupfen. Kapern hacken. Zwiebeln schälen, in Scheiben schneiden und in Ringe teilen. Gewürzgurken der Länge nach vierteln. Auf Filetbreite schneiden. Heringsfilets auf der Innenseite dünn mit Senf bestreichen. Mit gehackten Kapern bestreuen. Ein

Stück Gewürzgurke und einige Zwiebelringe darauflegen. Aufrollen. Mit Holzspießchen feststecken. Heringsröllchen und restliche Zwiebelringe in einen kleinen Steintopf schichten.
Für die Marinade Essig, Wasser, Zucker, Lorbeerblatt, Pfefferkörner, Wacholderbeeren, Nelken und Senfkörner in einem Topf aufkochen. Bei geringster Hitze 5 Minuten ziehen lassen. Abkühlen.
Wenn Heringsmilch vorhanden ist, diese abspülen, abtropfen lassen und durch ein Sieb streichen. In die erkaltete Marinade rühren. Die eingeschichteten Heringsröllchen damit übergießen.
Gefäß mit einem Teller oder mit Haushaltsfolie verschließen. Kühl stellen. Nach 3 Tagen können die Rollmöpse serviert werden.

Zutaten für 6 Personen

6 Salzheringe (1,2 kg)
1 Eßlöffel Kapern
4 Zwiebeln
2 Gewürzgurken
1 Eßlöffel Senf
Für die Marinade:
3/8 l Kräuteressig
1/4 l Wasser
15 g Zucker
1 Lorbeerblatt
8 Pfefferkörner
5 Wacholderbeeren
2 Nelken
1 Teelöffel Senfkörner

Kürbis süßsauer

Kürbis süßsauer war einst eine typische Beilage zu gekochtem Rindfleisch.

Kürbis waschen, abtropfen lassen, schälen, vierteln. Kerne entfernen. Das feste Fruchtfleisch in etwa 2 cm große Würfel schneiden.
Zucker mit Weinessig, Wasser, abgeriebener Zitronenschale und Zitronensaft in einem Topf aufkochen. Kürbisstücke reingeben. Zimtstange, Nelken und Ingwer 30 Minuten mitkochen, dann rausnehmen. Kürbisstücke mit dem Saft in eine Schüssel geben, abkühlen.

Zutaten für 4–6 Personen

1 Kürbis von 1 kg
500 g Zucker
1/8 l Weinessig
1/4 l Wasser
abgeriebene Schale und
Saft einer Zitrone
1/2 Zimtstange
3 Nelken
1 Stück getrockneter Ingwer
(etwa 1 cm)

Senfgurken

Zutaten

4 kg Schmorgurken
100 g Salz
200 g Schalotten
1/4 Meerrettichwurzel (50 g)
3/8 l Kräuteressig
125 g Zucker
1/8 l Wasser
4 Eßlöffel Senfkörner
10 g getrocknete Ingwerwurzel
3 Lorbeerblätter
20 Pimentkörner
20 g weiße Pfefferkörner

Gurken schälen, längs vierteln, entkernen und in 5 cm lange Stücke schneiden. In eine Schüssel geben und mit Salz bestreuen. Zugedeckt über Nacht kühl stehen lassen.
Am nächsten Tag Gurken abgießen und etwa 60 Minuten auf einem Durchschlag abtropfen lassen. Schalotten und Meerrettichwurzel schälen. Meerrettich in sechs Stücke teilen. Kräuteressig mit Zucker, Wasser, 2 Eßlöffel Senfkörnern, Ingwer, Lorbeerblättern, Piment- und Pfefferkörnern in einem Topf aufkochen.
Gurken, Schalotten und Meerrettich in Einmachgläser oder einen großen Steintopf schichten. Mit der heißen Essigmischung begießen. Restliche Senfkörner in Mull binden. Auf die Gurken legen. Wenn der Sud abgekühlt ist, die Gläser oder den Steinguttopf mit Cellophan verschließen. Nach drei bis vier Wochen können die Gurken gegessen werden. Ergibt zwei 1-l-Gläser.

Soleier

Große Gläser mit Soleiern stehen auf den Theken vieler Gaststätten. Die Berliner wissen das besonders gut. Keine Stammkneipe ohne Soleier. Viele Leute schätzen es, so zubereitete Eier zu essen. Falls Sie sie auch so gerne mögen, bereiten Sie sie doch mal selbst zu. Interessant zu wissen, daß Soleier eine schlesische Osterspezialität waren.

Zutaten

1 l Wasser
40 g Salz
Schalen von 2 Zwiebeln
12 Eier

Wasser mit Salz und Zwiebelschalen in einem großen Topf 5 Minuten kochen. Abkühlen lassen. Zwiebelschalen entfernen.
Eier in einen Topf mit kochendem Wasser geben. In 10 Minuten hartkochen. Mit kaltem Wasser abschrecken. Schale ringsherum leicht anknicken. In ein Glas legen und mit der Salzlösung übergießen. Sie müssen völlig bedeckt sein. Mindestens 24 Stunden ziehen lassen. Die Eier können 8 Tage in der Sole aufbewahrt werden.
Wann reichen? Als Abendessen oder als Bestandteil eines kalten Büfetts.

Für den Fall, daß Sie nie Soleier gegessen haben: Eier der Länge nach halbieren. Eigelb ausheben. Die Eiweißhälften nach Belieben mit Salz, gemahlenem Pfeffer, Paprika, Senf, Essig und Öl würzen. Eigelb als Krönung draufsetzen.

Suppen, Eintöpfe und Soßen

Kartoffelsuppe Berliner Art

Zutaten für 4 Personen

500 g Rindfleisch zum Kochen
2 l Wasser
Salz
1 Bund Suppengrün
750 g Kartoffeln
weißer Pfeffer
1 Prise geriebene Muskatnuß
1/2 Teelöffel getrockneter, zerriebener Majoran
50 g geräucherter fetter Speck
2 Zwiebeln
je 1/2 Bund Petersilie und Kerbel

Kartoffelsuppe war ein typisches Sonnabendgericht. Wenn die Suppe ohne Fleischeinlage war, also nur mit Fleischbrühe zubereitet wurde, aßen die Berliner ihre heißgeliebten Bockwürste dazu.

Rindfleisch kurz unter kaltem Wasser abspülen. In einen großen Topf geben. Wasser drübergießen und salzen. 90 Minuten zugedeckt kochen lassen. Nach 30 Minuten abschäumen und das geputzte, gewaschene, kleingeschnittene Suppengrün reingeben. Kartoffeln schälen, in kaltem Wasser waschen, abtropfen lassen und in etwa 2 cm große Würfel schneiden. 30 Minuten vor Ende der Garzeit in den Topf geben.
Fleisch herausnehmen und auf einem Brett etwas abkühlen lassen. Die Suppe soll jetzt sämig sein. Wenn die Kartoffeln nicht ganz zerkocht sind (das hängt von der Sorte ab), mit einem Schneebesen oder dem Elektroquirl verrühren. Fleisch von Fett und Knorpeln befreien und in 2 cm große Würfel schneiden. Wieder in die Suppe geben. Suppe mit Pfeffer, Muskat, Majoran und eventuell noch etwas Salz abschmecken. Warm stellen.
Speck fein würfeln. In einer Pfanne auslassen. Dann die geschälten, gewürfelten Zwiebeln zufügen und alles in 10 Minuten braun und knusprig braten. Petersilie und Kerbel abspülen, trockentupfen und hacken.
Suppe in eine Terrine füllen. Kurz vor dem Servieren Speck, Zwiebeln, Petersilie und Kerbel drüberstreuen. Sofort servieren.

Berliner Biersuppe

Berliner Biersuppe ist ein idealer Leib- und Seelenwärmer für kalte Tage. Der heiße Gerstensaft taut garantiert auch die verfrorensten Gemüter wieder auf! So wird die Suppe zubereitet:

Bier in einen Topf gießen. Zimt, abgeriebene Zitronenschale und Kardamom hinzufügen. Langsam bis zum Siedepunkt erhitzen.
In der Zwischenzeit Milch, Zucker, Eigelb und Mehl in einem kleinen Topf verquirlen. Zimt aus dem Bier nehmen. Milchmischung reinrühren. Toastbrot rösten, diagonal halbieren. Biersuppe in Teller oder Tassen gießen, Brotdreiecke drauflegen. Die Biersuppe sofort servieren.
PS: Holsteinisch wird diese Biersuppe durch 50 g Rosinen. Sie werden gleich mit dem Bier erhitzt. Auch die ostpreußische Variante ist nicht zu verachten: Man füllt die Biersuppe am besten gleich in Punschgläser (Röstbrot erübrigt sich). Die Suppe wird mit einem kräftigen Schuß Arrak abgeschmeckt.

Zutaten für 4 Personen

1/2 l helles Bier
1/2 Stange Zimt
abgeriebene Schale einer halben Zitrone
1 Messerspitze Kardamom
1/4 l Milch
3 Eßlöffel Zucker
3 Eigelb
1 Eßlöffel Mehl
2 Scheiben Toastbrot

Sauerampfersuppe

Zutaten für 4 Personen

250 g Sauerampfer
40 g Butter
40 g Mehl
1 l heiße Fleischbrühe
1/8 l saure Sahne
2 Eigelb
1 Prise Zucker
Salz
Für die Einlage:
2 Scheiben Weißbrot
20 g Butter
2 hartgekochte Eier

Leider ist viel zu wenig bekannt, wie gut Sauerampfer schmeckt, wenn er richtig zubereitet wird. Die Berliner haben es den Schlesiern und Ostpreußen abgeschaut. Die wußten das sehr genau, denn dort gehörte die Sauerampfersuppe zu den Lieblingsgerichten. Man sammelte die wild wachsende, 30 bis 60 cm hohe Pflanze mit den pfeilförmigen Blättern und dem kräftig-säuerlichen Geschmack vorzugsweise im Frühjahr und Frühsommer. Denn dann sind die Blätter noch zart und jung. Sammeln Sie sich bei einem Frühlingsspaziergang doch auch mal einen Beutel voll frischer Sauerampferblätter.

Sauerampfer verlesen. Gründlich in kaltem Wasser waschen. Tropfnaß in einen Topf geben. 5 Minuten erhitzen, bis die Blätter zusammenfallen und weich sind. Auf einem Sieb abtropfen lassen. Sauerampfer sehr fein hacken oder durch ein Sieb streichen. Butter in einem Topf erhitzen, Mehl darin hellgelb anschwitzen. Brühe nach und nach unter Rühren angießen. 5 Minuten kochen lassen. Sauerampfer reingeben. Saure Sahne und Eigelb in einer Tasse verquirlen. In die Suppe rühren. Erhitzen, aber nicht mehr kochen. Mit Zucker und Salz abschmecken.
Weißbrotscheiben entrinden. Brot würfeln. Butter in einer Pfanne erhitzen. Brotwürfel darin in 5 Minuten braun und knusprig braten. Eier schälen und in Scheiben schneiden. Auf vier Teller verteilen. Suppe darüberfüllen, Brotwürfel draufgeben. Sofort servieren.

Wann reichen? Als Suppe vor einem leichten Essen.
PS: Wollen Sie eine sättigende Sauerampfersuppe zubereiten, dann nehmen Sie noch einmal die Hälfte der im Rezept angegebenen Mengen dazu. Separat 750 g Salzkartoffeln kochen. Außerdem pro Person 2 Eier hart kochen. Kartoffeln und Eier tut sich jeder selbst in die Suppe.

Gurkenkaltschale

Zutaten für 4 Personen

4 Becher Joghurt (je 150 g)
$^1/_2$ l Milch
1 Glas Weißwein
Saft einer halben Zitrone
1 kleine Zwiebel
1 kleine Knoblauchzehe
Salz
Pfeffer
1 Prise Zucker
1 Salatgurke
1 Kästchen Kresse

Im Spreewald war weder Mangel an Gurken noch an interessanten Gurkenrezepten.

Joghurt mit Milch in einer tiefen Schüssel mit dem Schneebesen schlagen. Den Weißwein und Zitronensaft nach und nach unter Schlagen einrühren. Zwiebel schälen und reiben. In die Suppe geben. Knoblauchzehe auch schälen. Mit Salz zerdrücken. Zusammen mit Pfeffer und Zucker in die Suppe geben.
Gurke waschen. Abtrocknen. Nicht schälen. Ein paar dünne Scheiben zum Garnieren abschneiden. Rest fein raffeln. In die Schüssel geben. Verrühren und zugedeckt etwa 60 Minuten im Kühlschrank durchziehen lassen.
Kästchen Kresse schräg unter Wasser abspülen. Die Blätter abschneiden. Mit Gurkenscheiben in die Suppe geben.

Märkischer Topf

Zutaten für 4 Personen

---

500 g Teltower Rübchen
60 g Butter
1 Eßlöffel Zucker
1/8 l heiße Fleischbrühe
Salz
375 g frische Steinpilze
Zwiebelsalz
750 g Rinderfiletspitzen
2 Zwiebeln
4 Eßlöffel Öl
1/8 l heiße Fleischbrühe
1/8 l saure Sahne
weißer Pfeffer

Teltower Rübchen schaben, in kaltem Wasser waschen und abtrocknen. Die Hälfte der Butter in einem Topf erhitzen. Zucker reinstreuen, in 2 Minuten goldgelb rösten. Rübchen zufügen, kurz darin schwenken. Die Fleischbrühe angießen, salzen. 45 Minuten leicht kochen lassen. In der Zwischenzeit Steinpilze putzen, dabei von größeren Pilzen Haut und Röhren entfernen. Dann die Pilze waschen, abtropfen lassen, halbieren, die größeren vierteln. Restliche Butter in einem Topf erhitzen. Pilze reingeben mit Salz und Zwiebelsalz würzen. Bei schwacher Hitze 10 Minuten dünsten. Filetspitzen mit Haushaltspapier abtupfen. In 1/2 cm dicke Scheiben schneiden. Zwiebeln schälen und fein würfeln. Öl in einem Topf erhitzen. Fleisch reingeben. Bei starker Hitze rundherum in 2 Minuten braun braten. (Das Fleisch muß innen rosig sein.) Rausnehmen, warm stellen. Gewürfelte Zwiebeln in dem Bratfett in 5 Minuten braten. Unter Rühren heiße Fleischbrühe und saure Sahne angießen. 5 Minuten leise kochen lassen. Mit Salz und Pfeffer kräftig würzen. Gebratene Filetscheiben reinlegen und kurz erhitzen. Auf einer vorgewärmten Platte mit abgetropften Teltower Rübchen und Steinpilzen anrichten. Beilage: Kopfsalat und Petersilienkartoffeln.

Löffelerbsen mit Speck

Die Berliner Küche rund um das alte Berlin-Kölln hat nie behauptet, sie sei fein. Aber sie war immer deftig. Zu den besonders deftigen Gerichten gehörten die Löffelerbsen. Wahrscheinlich werden sie so genannt, weil man sie ohne größere Umstände mit dem Löffel zum Mund befördern kann. Daß die Berliner Küche trotz allem nicht so ganz ohne ist, beweist folgendes: Berliner Erbsengerichte haben Heinrich Heine zu einem Liebesgedicht inspiriert.

Zutaten für 4 Personen

375 g gelbe ungeschälte Erbsen
2 l Wasser
250 g durchwachsener Speck
1 Teelöffel Majoran
1 Lorbeerblatt
2 Zwiebeln
2 Möhren
2 Kartoffeln
1 Stange Lauch
1 Eßlöffel Margarine
Salz
1 Bund Petersilie

Erbsen über Nacht in dem kalten Wasser in einem Topf einweichen. Anschließend in dem Einweichwasser aufkochen. Speck, Majoran und das Lorbeerblatt reingeben und zugedeckt etwa 90 Minuten leicht kochen lassen.
In der Zwischenzeit Zwiebeln, Möhren und Kartoffeln schälen. Lauch längs halbieren und alles gut waschen. Abtropfen lassen. Das Gemüse in 2 cm große Würfel oder dünne Streifen schneiden. Margarine in einem Topf erhitzen. Das Gemüse und die Kartoffeln darin 5 Minuten andünsten. Speck aus den Erbsen nehmen. Das Gemüse 30 Minuten vor Ende der Garzeit zugeben. Speck in der Zwischenzeit in 3 cm große Würfel schneiden und wieder zu den Erbsen geben. Eventuell mit Salz abschmecken. Das Lorbeerblatt entfernen. Petersilie abspülen, trockentupfen und fein hacken. Vor dem Servieren drüberstreuen.
Beilage: Bauernbrot oder Brötchen.

Berliner Eintopf

Zutaten für 4 Personen

1 Suppenhuhn (1 kg)
Salz
1 kleine Sellerieknolle
2 Möhren
200 g Reis
250 g Tiefkühlerbsen
(oder frische, wenn Sie haben)
1 kleine Dose Brechspargel
Pfeffer
1 Bund Petersilie

Suppenhuhn waschen. Gut $1\frac{1}{2}$ l Wasser aufkochen, salzen, Huhn reingeben. In 90 Minuten gar kochen.
Sellerie und Möhren putzen. Sellerie in gleichmäßige Würfel, Möhren in Scheiben schneiden. 30 Minuten vor Ende der Garzeit des Huhns in die Brühe geben. Gar kochen. Huhn aus der Brühe nehmen. Reis waschen, in die kochende Brühe geben. In 15 Minuten körnig kochen. Nach 5 Minuten können die Tiefkühlerbsen rein. Zum Schluß den abgetropften Spargel dazugeben. Nach Geschmack auch Spargelbrühe.
Huhn häuten. In mundgerechte Stücke schneiden. Wieder in die Suppe geben. Erhitzen. Mit Salz und Pfeffer würzen. Petersilie waschen, trockentupfen und fein hacken. Vor dem Servieren drüberstreuen. Beilage: Kerniges Bauernbrot oder Graubrot.

Feiner wird die Suppe, wenn Sie frischen Suppenspargel verwenden.

Berliner Nudelsuppe

Hühnerfleisch waschen. Suppengemüse waschen und putzen. Beides in 1 1/2 l kochendes, gesalzenes Wasser geben. Auch das Lorbeerblatt. Das Fleisch ist in 50 bis 60 Minuten gar. Gemüse und Fleisch rausnehmen.
Brühe durchsieben. Nur das Fleisch kommt wieder in die Suppe. Man schneidet es in Würfel. Suppe aufkochen lassen. Jetzt kommen die Nudeln rein. 15 Minuten ziehen lassen. Mit Pfeffer abschmecken. Petersilie hacken und vor dem Servieren drüberstreuen.
Beilage: Stangenweißbrot.

Zutaten für 4 Personen

500 g Hühnerkleinfleisch
250 g Suppengrün
(Möhre, Sellerie, Lauch, Petersilienwurzel)
Salz
1 Lorbeerblatt
100 g Eierbandnudeln
Pfeffer
1 Bund Petersilie

Wenn Sie wollen, können Sie das Suppengrün auch kleinschneiden und in die Suppe geben. Die wird dann nicht durchgesiebt, sondern man ißt sie mit dem Suppengrün.

Graupensuppe mit Pökelrippchen

Zutaten für 4 Personen

750 g Pökelrippchen
2 l Wasser
150 g feine Graupen
1 l Wasser
200 g Kartoffeln
1/2 Sellerieknolle
1 Petersilienwurzel
2 Stangen Lauch
250 g Möhren
2 Zwiebeln
1 Bund Petersilie

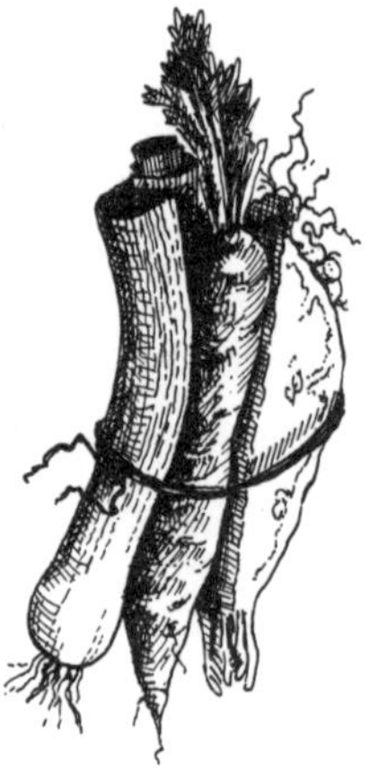

Graupensuppe weckt Erinnerungen an die Nachkriegsküche. Denn nicht nur in Berlin wurde Graupensuppe gekocht. Hier wurde sie aber bevorzugt mit Pökelrippchen zubereitet. Graupen sind geschälte Gerstenkörner und als Perlgraupen im Handel erhältlich.

Pökelrippchen in 2 l kaltem Wasser in einem Topf aufkochen. Dann bei mittlerer Hitze 60 Minuten leise kochen lassen.
In der Zwischenzeit Graupen mit kaltem Wasser in einem anderen Topf ansetzen. Aufkochen, auf ein Sieb geben und mit kaltem Wasser abbrausen. Zu den Pökelrippchen geben und mitkochen lassen.
Kartoffeln, Sellerie, Petersilienwurzel, Lauch und Möhren putzen, waschen und in kleine Würfel schneiden. Zwiebeln schälen. Auch kleinschneiden. Alles, außer dem Lauch, 20 Minuten vor Ende der Garzeit in die Suppe geben. Lauch 5 Minuten vorher, sonst zerkocht er.
Petersilie waschen, trockentupfen und fein hacken. Pökelrippchen aus der Suppe nehmen. Knochen rauslösen, Fleisch kleinschneiden und mit der Petersilie wieder in die Suppe geben. Oder Suppe und Pökelrippchen getrennt servieren.

Schlesisches Himmelreich

Dieses Gericht schmeckt den Berlinern so gut, daß sie es in ihr Kochrepertoire aufgenommen haben. „Wer das Himmelreich nicht kennt, der hat umsonst gelebt“. sagen die Schlesier. Damit ist die ungewöhnliche Mischung von Backobst, magerem Speck oder Rauchfleisch und Klößchen gemeint, die jedem Schlesier himmlischen Genuß bereitet. Wie bei allen bekannten Landesgerichten gibt es auch hier Abwandlungen. Viele schwören darauf, daß man zum Himmelreich Semmelklöße reicht, andere behaupten, es müßten Kartoffelklöße sein. Wir empfehlen zarte Hefeklöße.

Zutaten für 4 Personen

250 g gemischtes Backobst
1/2 l Wasser zum Einweichen
1/2 l Wasser
Salz
400 g geräucherter magerer Speck
oder Rauchfleisch
1 Eßlöffel Zucker
1/2 Teelöffel Zimt
1 Teelöffel Zitronensaft
1 Eßlöffel Speisestärke

Backobst mit kaltem Wasser in einer Schüssel oder einem Sieb gründlich waschen. Mit 1/2 l Wasser in eine Schüssel geben und über Nacht einweichen. 1/2 l Wasser in einem Topf aufkochen. Salzen. Durchwachsenen Speck oder Rauchfleisch reingeben. 45 Minuten bei mittlerer Hitze kochen. Abgetropftes Backobst, Zucker, Zimt und Zitronensaft dazugeben. Aufkochen und bei schwacher Hitze weitere 30 Minuten garen. Speisestärke mit etwas kaltem Wasser in einem Becher anrühren. In die Soße geben, aufkochen. Das Gericht abschmecken. Fleisch rausnehmen. In Scheiben schneiden. Backobst in eine Schüssel geben. Fleischscheiben darauf anrichten.
Beilagen: Hefe-, Semmel-, oder Kartoffelklöße, die man zusätzlich mit zerlassener Butter begießen kann. Dazu schmeckt am besten ein Bier. Und vorweg empfehlen wir zur besseren Bekömmlichkeit einen Korn.

Dobsche

Zutaten für 4 Personen

4 kleine Zwiebeln
500 g Schweinefleisch aus dem Nackenstück
6 Eßlöffel Öl
Salz
Pfeffer
3/8 l heißes Wasser
500 g Kartoffeln
250 g Magerquark
1 Teelöffel Kümmel
1/8 l Milch
1 Teelöffel Kartoffelmehl

Die Wenden oder Sorben, ein slawisches Volk, sind wohl der einzige fremde Stamm in Deutschland. Sie siedelten sich vor über 1000 Jahren zwischen Elbe, Oder und Saale an. Heute leben noch etwa 40000 im Spreewald. Viele von ihnen haben ihre sorbische Sprache behalten und hüten ihre Bräuche. Der Dobsche, der wendische Eintopf, ist ein Originalrezept.

Zwiebeln schälen und in Würfel schneiden. Fleisch waschen, trocknen und in kleine Scheiben schneiden. Öl in feuerfester Form erhitzen. Zwiebeln und Fleisch reingeben. Mit Salz und Pfeffer würzen. Wasser zugeben, mit Deckel schließen, dämpfen lassen.
Kartoffeln schälen und in dicke Scheiben schneiden. Nach 15 Minuten auf das Fleisch legen. Noch weitere 45 Minuten dämpfen. Eventuell etwas Wasser nachgießen.
In der Zwischenzeit den Quark mit Kümmel und Milch verrühren. Etwas Milch zurücklassen und das Kartoffelmehl damit anrühren. Zur Quarkmasse geben und das Ganze über den Eintopf streichen. Und geschlossen in den vorgeheizten Ofen schieben.
25 Minuten bei 180 Grad backen.

Dobsche ist polnisch und heißt gut. Ein guter Name also für diesen Eintopf. Er schmeckt ausgezeichnet.

Steckrübeneintopf

Steckrüben (Kohlrüben) haben aus Kriegs- und Nachkriegszeiten einen schlechten Ruf. Aber unverdient. Denn Kohl- oder Steckrüben (norddeutsch und ostpreußisch Wruken) schmecken pikant. Vorausgesetzt, sie werden richtig zubereitet. Die dicken, schweren Knollen mit der bräunlichen Außenschale und dem gelblichen Fleisch wiegen durchschnittlich 1 kg.

Zutaten für 4 Personen

1 Kohlrübe (Steckrübe) von ca. 1 kg
2 Zwiebeln
20 g Margarine
15 g Mehl
3/4 l heiße Fleischbrühe
400 g frischer Schweinebauch
1 Lorbeerblatt
500 g Kartoffeln
Salz
weißer Pfeffer
geriebene Muskatnuß
1/2 Bund Petersilie

Kohlrübe schälen, waschen und in Stifte schneiden. Zwiebeln schälen, grob hacken. Margarine in einem Topf erhitzen. Zwiebeln darin in 3 Minuten gelb braten. Mehl drüberstreuen und eine Minute durchschwitzen. Mit Fleischbrühe auffüllen, durchrühren, aufkochen lassen. Kohlrübe, Schweinebauch und Lorbeerblatt reingeben. 20 Minuten bei kleiner Hitze kochen.
In der Zwischenzeit Kartoffeln waschen, schälen und wie die Kohlrübe in Stifte schneiden. In den Topf geben. Weitere 25 Minuten garen. Zuletzt mit Salz, Pfeffer und Muskat abschmecken.
Schweinebauch aus dem Topf nehmen und in Scheiben schneiden. Gemüse in einer Schüssel anrichten. Mit den Schweinebauchscheiben belegen. Mit Petersilie bestreut servieren.
Beilage: Bauernbrot.

Statt Schweinebauch können Sie auch mal Hammelfleisch nehmen.

Hoppel-Poppel

Zutaten für 4 Personen

400 g Rindfleisch zum Kochen
Salz
1 l Wasser
750 g Kartoffeln
350 g Zwiebeln
75 g Butter
weißer Pfeffer
4 Eier
3 Eßlöffel Wasser

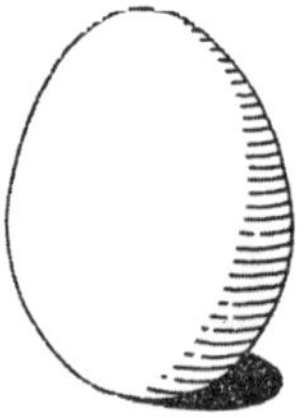

Sie können, wie bei diesem Rezept, Rindfleisch zum Kochen verwenden, oder gekochtes Fleisch, das vielleicht vom Bouillonkochen übriggeblieben ist. Aber auch Reste von gebratenem Kalb- oder Schweinefleisch lassen sich verwenden.

Rindfleisch in einen Topf mit kochendem, gesalzenem Wasser geben. Leicht siedend in 60 Minuten garen. (Bouillon am nächsten Tag als Suppe vorweg servieren.) Abkühlen lassen.
Kartoffeln unter fließendem Wasser abbürsten.
In einem großen Topf mit Wasser bedeckt vom Kochen an in 30 Minuten garen. Abgießen, abschrecken, pellen und in Scheiben schneiden.
Zwiebeln schälen. Auch in dünne Scheiben schneiden. Das Fleisch in 1/2 cm dünne und 3 cm lange Streifen schneiden. Die Hälfte der Butter in einer großen Pfanne erhitzen. Fleisch darin in 5 Minuten unter Rühren braun braten. Zwiebeln zugeben. Weitere 10 Minuten braten. Aus der Pfanne nehmen. Warm stellen.
Restliche Butter in der Pfanne erhitzen. Kartoffelscheiben salzen und darin in 20 Minuten knusprig braun braten. Fleisch und Zwiebeln reinmischen. Mit Salz und Pfeffer würzen.
Eier mit dem Wasser in einer Schüssel verquirlen, leicht salzen. Über die Kartoffelscheiben gießen und bei schwacher Hitze in 10 Minuten stocken lassen. Hin und wieder mit einem Pfannenheber von unten her leicht anheben oder die Pfanne schütteln, damit die Eimasse nicht ansetzt. Aber nicht wenden! Auf eine vorgewärmte Platte gleiten lassen.

Bohnen-Hammel-Eintopf

Dieser Eintopf ist eine märkische Spezialität. Dennoch teilen sich die Brandenburger und Berliner ihre Vorliebe für die Kombination von Hammelfleisch und Bohnen mit anderen Regionen Deutschlands.

Speck würfeln. Im Topf auslassen. Geschälte, grob gewürfelte Zwiebeln darin andünsten. Hammelfleisch waschen, trocknen. Auch grob würfeln. Zu den Zwiebeln geben und anbraten. Mit der Fleischbrühe aufgießen. 60 Minuten kochen lassen.
In der Zwischenzeit die Bohnen fädeln, waschen und brechen. Kartoffeln schälen und würfeln. Mit den Bohnen und dem gewaschenen Bohnenkraut reingeben. Salz und Pfeffer zufügen. Etwa 30 Minuten kochen lassen. Nochmal abschmecken und mit Petersilie garnieren.

Zutaten für 4 Personen

60 g durchwachsener Speck
2 Zwiebeln
500 g Hammelfleisch
1 1/2 l Fleischbrühe
600 g grüne Bohnen
500 g Kartoffeln
2 Stengel Bohnenkraut
Salz
Pfeffer
1 Bund Petersilie

Gurkensoße

Gewürzgurken schälen und klein würfeln. Butter oder Margarine in einem Topf erhitzen. Mehl reingeben. Leicht bräunen lassen. Heiße Fleischbrühe angießen. Unter Rühren 7 Minuten kochen. Gurkenwürfel in die Soße geben. Mit Salz, Pfeffer, Zucker und Zitronensaft abschmecken.
Wozu reichen? Zu gekochtem Rindfleisch, Puterbraten, gegrilltem Fisch mit Kartoffelpüree.

Zutaten für 4 Personen

4 Gewürzgurken
40 g Butter oder Margarine
40 g Mehl
1/2 l heiße Fleischbrühe
Salz
weißer Pfeffer
1 Prise Zucker
1 Eßlöffel Zitronensaft

Speckstippe

Zutaten für 4 Personen

1 Eßlöffel Öl
50 g fetter Speck
1 Zwiebel
30 g Mehl
1/4 l Wasser
Salz
schwarzer Pfeffer
Paprika rosenscharf
1 Teelöffel Zitronensaft

Dieses beliebte Gericht heißt auch Beamtenstippe. Besonders häufig wurde es am Monatsende zubereitet, wenn das Haushaltsgeld knapper wurde.

Öl in einem Topf erhitzen. Speck in 3 mm große Würfel schneiden. Reingeben und in 5 Minuten glasig braten. Zwiebel schälen, würfeln. Auch 3 Minuten braten. Mehl drüberstäuben. In 3 Minuten braun werden lassen. Unter Rühren mit Wasser auffüllen. Bei schwacher Hitze 5 Minuten kochen lassen. Mit Salz, Pfeffer, Paprika und dem Zitronensaft pikant abschmecken.
Wozu reichen? Zu Pellkartoffeln, gekochtem Rindfleisch, Eiern, Bohnengemüse und gekochtem Fisch.

Man kann die Speckstippe auch noch mit einer gewürfelten Gewürzgurke und Zucker süßsauer abschmecken.

Mostrichsoße

Butter in einem Topf erhitzen. Mehl darin 3 Minuten bei schwacher Hitze durchschwitzen. Nach und nach die Fleischbrühe reinrühren. Soße 5 Minuten kochen lassen. Mit Salz und Pfeffer würzen und vom Herd nehmen. Zitronensaft, Eigelb, Sahne und Senf in einem Schälchen verquirlen und mit etwas Soße mischen. Langsam in die Soße rühren. Soße mit Zucker und Salz abschmecken und heiß servieren.
Wozu reichen? Zu gekochtem oder gedünstetem Fisch, Blumenkohl, gedünsteten Gurken, gekochtem Rindfleisch oder verlorenen und gekochten Eiern.

Zutaten für 4 Personen

40 g Butter
40 g Mehl
1/2 l heiße Fleischbrühe
Salz
weißer Pfeffer
1 Teelöffel Zitronensaft
2 Eigelb
1/8 l Sahne
50 g mittelscharfer Mostrich (Senf)
1 Prise Zucker

Adlon-Soße

Das Hotel Adlon war um 1925 Treffpunkt von ganz Berlin. Lorenz Adlon gründete es 1907.

Eigelb, Butter, Zitronensaft, Salz und Pfeffer mischen. Auf dem Herd schlagen, bis die Soße dick ist. Aber kochen darf sie nicht. Fleischbrühe dazugeben. Abkühlen lassen und in den Kühlschrank stellen. Rausnehmen, mit Sardellenpaste, Suppenwürze, Senf und Kaviar mischen. Eiskalt servieren.
Adlon-Soße ist ein guter Begleiter zu kaltem, gekochtem Fisch, gekochtem oder gebratenem Fleisch.

Zutaten für 4 Personen

2 Eigelb
1 Eßlöffel Butter
1 Eßlöffel Zitronensaft
Salz
wenig weißer Pfeffer
1/16 l Fleischbrühe
Sardellenpaste
Suppenwürze
Senf
1 Teelöffel deutscher Kaviar

Stachelbeersoße

Zutaten für 4 Personen

Für das Stachelbeerpüree:
250 g grüne Stachelbeeren
je 1/4 l Wasser und Weißwein
1 Prise Zucker
Für die Buttersoße:
40 g Butter
20 g Mehl
1/4 l Wasser
Salz
1 Prise weißer Pfeffer
1 Eigelb
2 Eßlöffel Sahne
Außerdem:
1 Eßlöffel Zitronensaft

Diese Stachelbeersoße wird nicht als Dessert gereicht, sondern als Begleiter zu Deftigem. Es wird überliefert, daß zu den Lieblingsgerichten Theodor Fontanes Kalbsbrust mit Stachelbeersoße gehörte.

Für das Stachelbeerpüree die Stachelbeeren waschen, Blüten und Stielansätze entfernen. Wasser in einem Topf erhitzen. Stachelbeeren darin 3 Minuten blanchieren. In der Zwischenzeit in einem zweiten Topf Weißwein und Zucker aufkochen. Stachelbeeren mit dem Schaumlöffel aus dem Wasser nehmen. In den Weißwein geben. 15 Minuten bei mittlerer Hitze ohne Deckel kochen lassen. Stachelbeeren durch ein Sieb in einen Topf passieren oder etwas abgekühlt im Mixer pürieren. Zugedeckt beiseite stellen.
Für die Buttersoße 20 g Butter in einem Topf leicht erhitzen. Mehl reinrühren. Mit Wasser unter Rühren aufgießen. Dabei ständig umrühren.
Mit Salz und Pfeffer abschmecken. Eigelb und Sahne mit etwas Soße in einem Becher verquirlen. Zusammen mit der restlichen Butter in die Soße rühren. Buttersoße und Stachelbeerpüree mischen. Mit Zitronensaft abschmecken. Sofort servieren.
Wozu reichen? Zu gebratenem Fisch oder Fleisch, besonders zu Steaks, aber auch zu Enten- und Gänsebraten.

Dillsoße

Ein typisches Gericht aus dem Spreewald ist Spargel mit Dillsoße. Diese interessante Kombination sollten Sie mal ausprobieren.

Zutaten für 4 Personen

1 Bund Dill
30 g Butter
30 g Mehl
1/2 l Fleischbrühe
Salz
1 Eigelb
3 Eßlöffel Sahne

Dill waschen. Fein hacken. Die Hälfte davon in der heißen Butter andünsten. Mehl einstreuen. Gut durchschwitzen lassen. Fleischbrühe unter Rühren zugießen. 7 Minuten kochen. Mit Salz abschmecken. Eigelb mit Sahne verquirlen. Soße von der Kochstelle nehmen. Die Eigelb-Sahne-Mischung hineinrühren. Soße jetzt nicht mehr kochen lassen! Restlichen Dill reingeben. Heiß servieren.

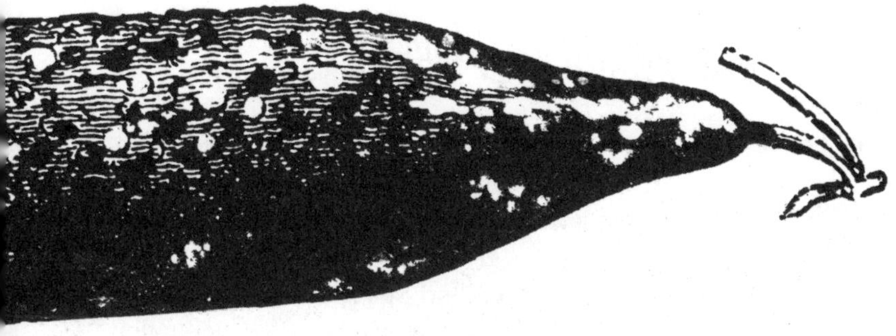

Gemüse- und Kartoffelgerichte

Leipziger Allerlei

Zutaten für 4 Personen

200 g Karotten (runde Möhren, frisch oder aus der Dose)
1/2 Blumenkohl (200 g)
250 g frischer Spargel oder eine kleine Dose Spargelspitzen
1/4 l Wasser
50 g Butter
Salz
1 Prise Zucker
300 g tiefgekühlte Erbsen extra fein
1/2 Dose Morcheln (125 g)
30 g Mehl
geriebene Muskatnuß
50 g Krebsbutter (fertig gekauft)
3 Eßlöffel Sahne
1 Bund Petersilie
1 kleine Dose Krebsfleisch (165 g)

Diese sächsische Spezialität ist eine Leib- und Magenspeise der Berliner geworden. Leipziger Allerlei ist allgemein bekannt als ein Gemüsegemisch aus gewürfelten Möhren oder kleinen Karotten, Erbsen und Spargel, in Butter geschwenkt oder mit einer hellen Soße gebunden. Doch die klassische Zubereitungsart ist anders, sie ist so wie unser Rezept.

Frische Karotten und Blumenkohl putzen. Blumenkohl in Röschen teilen. Spargel dünn schälen. Gemüse in kaltem Wasser kurz waschen. Abtropfen.
Wasser mit 20 g Butter, Salz und Zucker in einem Topf aufkochen. Karotten reingeben. Blumenkohlröschen und Spargelstücke 5 Minuten später. 10 Minuten bei schwacher Hitze garen. Die unaufgetauten Erbsen zufügen. Weitere 10 Minuten garen. Gemüse auf einem Sieb gut abtropfen lassen. Das Gemüsewasser dabei auffangen.
Morcheln unter kaltem Wasser abwaschen, auf ein Sieb schütten, abtropfen lassen. Das Pilzwasser bitte auffangen.
Restliche Butter im Topf erhitzen. Mehl reinstreuen. Goldgelb anschwitzen. Unter Rühren Gemüse- und Pilzwasser angießen. 5 Minuten kochen. Mit geriebener Muskatnuß abschmecken. Krebsbutter unter Rühren in der Soße auflösen und Sahne zugeben. Gemüse und Morcheln reingeben. Heiß werden, aber nicht mehr kochen lassen. Leipziger Allerlei in einer vorgewärmten Schüssel anrichten.

Petersilie abbrausen, trockentupfen und hacken. Drüberstreuen. Krebsfleisch abtropfen lassen. Chitinstreifen entfernen. Krebsschwänze ganz lassen. Leipziger Allerlei mit Krebsfleisch und -schwänzen garniert sofort servieren.

Falls Karotten oder Spargelspitzen frisch nicht zu haben sind, verwenden Sie Konserven. Gemüse aus der Dose abtropfen lassen, zum Schluß reingeben und erwärmen.

Teltower Rübchen glasiert

Zutaten für 4 Personen

800 g Teltower Rübchen
40 g Butter oder Margarine
40 g Zucker
1/8 l heiße Fleischbrühe
Salz

Teltower Rübchen schälen, waschen und gut abtropfen lassen. Butter oder Margarine in einem Topf erhitzen. Zucker darin unter Rühren schmelzen und in 2 Minuten hell karamelisieren lassen. Langsam die heiße Fleischbrühe reinrühren. Mit Salz abschmecken.
Teltower Rübchen in den Sud geben und bei kleiner Hitze 45 Minuten im offenen Topf dünsten, bis die Flüssigkeit fast verdampft ist. Topf zwischendurch gelegentlich leicht schütteln, damit alle Rübchen gleichmäßig glasiert werden.
Wozu reichen? Zu Entenbraten, Bratwurst oder Schweinebraten mit Kartoffelpüree.

Nach diesem Rezept können Sie auch weiße Rübchen zubereiten.

Schmorgurken

Zutaten für 4 Personen

1 kg Gemüsegurken
100 g durchwachsener Speck
1 Zwiebel
1/2 Bund frischer Dill
1 Eßlöffel Butter
Salz
weißer Pfeffer
1 Teelöffel Mehl
1/8 l Sahne
Zucker
1 bis 2 Eßlöffel Essig

Da in der Umgebung von Berlin Gurken angebaut wurden, ist es nicht verwunderlich, daß die Berliner eine Vorliebe für dieses Gemüse entwickelt haben. Schmorgurken mit Buletten – das war und ist immer noch ein feines Essen!

Gurken waschen, schälen, längs halbieren und Kerne rausschaben. In 2 cm breite Streifen schneiden. Durchwachsenen Speck würfeln. Zwiebel schälen und fein hacken. Dill abspülen und fein schneiden.
Butter im Schmortopf erhitzen. Speck und Zwiebelwürfel darin in 5 Minuten glasig werden lassen. Gurken dazugeben. Mit Salz und Pfeffer würzen. Zudecken und bei geringer Hitze 20 Minuten dünsten. Die Gurken sollten keine Farbe annehmen, deshalb eventuell etwas Wasser angießen. Gemüse mit Mehl bestäuben, verrühren und die Sahne reinmischen. Bis zum Siedepunkt erhitzen. Vom Herd nehmen. Mit Zucker und Essig abschmecken. Dill untermischen und in einer vorgewärmten Schüssel servieren.
Wozu reichen? Zu Buletten, Kalbsbraten oder gedünstetem Fisch.

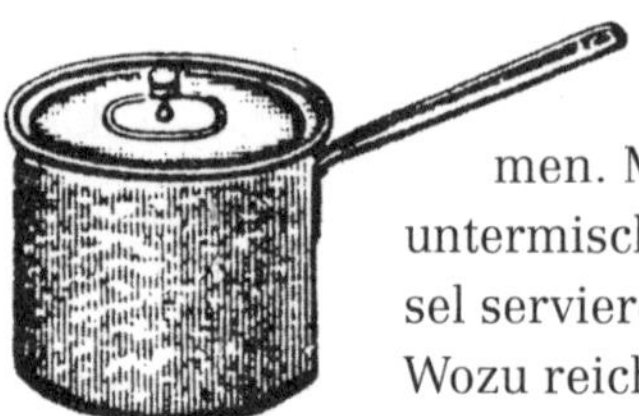

Porree gedünstet

Porree putzen, sorgfältig waschen, abtropfen lassen und in etwa 5 cm lange Stücke schneiden. Butter oder Margarine in einem Topf erhitzen. Porree reingeben und 5 Minuten leicht anbraten. Heiße Fleischbrühe aufgießen. Mit Salz, Pfeffer, Muskat und Zucker würzen. 15 Minuten dünsten lassen.
Porree mit einem Schaumlöffel rausnehmen. In eine vorgewärmte Schüssel legen. Warm stellen. Milch und Speisestärke verrühren und die Gemüsebrühe damit binden. Einmal aufkochen lassen. Sahne einrühren. Abschmecken und über den Porree gießen. Sofort servieren.

Zutaten für 4 Personen

1 kg Porree
30 g Butter oder Margarine
1/8 l heiße Fleischbrühe
Salz
weißer Pfeffer
geriebene Muskatnuß
1 Prise Zucker
4 Eßlöffel Milch
1 Eßlöffel Speisestärke
3 Eßlöffel Sahne

Kartoffelpuffer

Kartoffeln und Zwiebeln schälen, waschen und abtrocknen. Auf der Reibe (feine Seite) in eine Schüssel reiben. Mehl oder Grieß mit Eiern reinschlagen. Salzen und gut verrühren.
Öl portionsweise in einer Pfanne erhitzen. Teig löffelweise reingeben. Zu glatten, kleinen, möglichst dünnen Fladen vestreichen. Auf jeder Seite in 3 Minuten goldbraun und knusprig backen. Rausnehmen. Öl abtropfen lassen. Sofort servieren.
Beilage: Apfelmus und/oder Preiselbeerkompott.

Zutaten für 4 Personen

1,5 kg große Kartoffeln
2 Zwiebeln
3 Eier
75 g Mehl oder Grieß
Salz
1/4 l Öl zum Braten

Erbspüree

Zutaten für 4 Personen

650 g getrocknete gelbe oder grüne Erbsen
1 1/2 l Wasser
1 Teelöffel zerriebener Majoran
1 Teelöffel gekörnte Brühe (Fertigprodukt)
Salz
Pfeffer
Für die Garnierung:
1 Zwiebel
20 g geräucherter Speck
20 g Butter

Die Berliner haben seit jeher ein gutes Verhältnis zu Erbsen. Reichen Sie das Erbspüree doch mal zu Eisbein mit Sauerkraut oder zu einer deftigen Schlachtplatte.

Erbsen über Nacht in Wasser einweichen. Am nächsten Tag mit Majoran im Einweichwasser erhitzen. Gekörnte Brühe zufügen. Mit Salz und Pfeffer würzen. 2 Stunden kochen, bis die Erbsen dick eingekocht sind. Eventuell Wasser nachgießen.
In der Zwischenzeit Zwiebel schälen und in Ringe schneiden. Speck würfeln. Butter in einer Pfanne erhitzen, Speckwürfel darin glasig werden lassen. Zwiebelringe zugeben und goldgelb braten. Warm stellen. Erbsen durch ein Sieb streichen. Erbspüree hügelförmig auf einer Platte anrichten, Speck-Zwiebel-Mischung drübergeben und servieren.

Béchamelkartoffeln überbacken

Zutaten für 4 Personen

800 g Kartoffeln
Für die Soße:
40 g Butter
2 gewürfelte Zwiebeln
40 g Mehl
1/4 l Fleischbrühe
1/4 l Milch
Salz, Muskat
10 g Margarine zum Fetten

Kartoffeln waschen. In der Schale in 30 Minuten gar kochen. Wasser abgießen und kalt abschrecken. Pellen und in Scheiben schneiden. Für die Soße die Butter erhitzen. Zwiebelwürfel darin gelb braten. Mehl reinrühren. Gut durchschwitzen lassen. Mit der heißen Brühe aufgießen. Milch einrühren. 5 Minuten kochen. Mit Salz und Muskat abschmecken. Kartoffeln in die Soße geben. Feuerfeste Form einfetten. Kartoffeln und Soße reinfüllen. 10 Minuten übergrillen. Heiß servieren.

Bouillon-Kartoffeln

Bouillon-Kartoffeln waren ein typisches Sonnabendessen in Berlin.

Zutaten für 4 Personen

500 g Rinderbrust
2 l Wasser
Salz
800 g Kartoffeln
100 g Sellerie
5 mittelgroße Möhren
1 Stange Lauch
Salz
Pfeffer
1 Bund Petersilie

Rinderbrust waschen. Ins kochende, gesalzene Wasser geben. 120 Minuten leicht sieden lassen. Dann ist es gar. Fleisch rausnehmen und warm halten. Dazu wickeln Sie es bitte in Alu-Folie ein und legen es in den warmen Backofen.
In der Zwischenzeit Kartoffeln, Sellerie und Möhren schälen, waschen und in gleichmäßige Würfel schneiden. Die Kartoffelwürfel dürfen etwas größer sein. Lauch putzen, in Ringe schneiden. Alles zusammen in einen Topf geben. Mit der Rinderbrühe auffüllen. 30 Minuten kochen.

Mit Salz und Pfeffer abschmecken. Petersilie hacken und drüberstreuen. Fleisch aufschneiden und auf einer Platte anrichten.
Beilagen: Preiselbeer-Kompott und Meerrettichsahne.

Berliner Kartoffelsalat

Zutaten für 4 Personen

1 kg Salatkartoffeln
1/8 l heiße Fleischbrühe
Für die Marinade:
3 Eßlöffel Öl
4 Eßlöffel Weinessig
Salz
schwarzer Pfeffer
1 Prise Zucker
1 Teelöffel Senf
Außerdem:
2 Zwiebeln
1 Bund Petersilie
Für die Garnierung:
1 Bund Petersilie
1 hartgekochtes Ei
1 Tomate

Schon in dem 1723 erschienenen „Brandenburgischen Kochbuch" konnten die Berliner lesen, wie man aus Essig, Baumöl, Pfeffer und Kartoffeln einen guten Kartoffelsalat zubereitet. Aber nicht nur Berlin hat seinen Kartoffelsalat. Fast jede Landschaft kennt ein eigenes Rezept – mit Essig, Mayonnaise, saurer Sahne, mit gebratenem Speck oder gewürfeltem Salzhering, kalt oder warm. Dieser Kartoffelsalat ist einfach, aber ganz besonders lecker.

Kartoffeln unter fließendem Wasser abbürsten. In einem Topf mit Wasser bedeckt 25 Minuten kochen. Abgießen, abschrecken, abziehen und abkühlen lassen. In 1/2 cm dicke Scheiben schneiden. In eine Schüssel geben und mit heißer Fleischbrühe übergießen.
Für die Marinade Öl, Essig, Salz, Pfeffer, Zucker und Senf vermischen. Zwiebeln schälen und in feine Würfel schneiden. Petersilie abspülen, trockentupfen und hacken. Beides über die Kartoffeln streuen. Mit Marinade begießen. Vorsichtig mischen. Salat mindestens 60 Minuten zugedeckt im Kühlschrank ziehen lassen.
Vor dem Servieren eventuell nachwürzen. Petersilie abbrausen, trockentupfen und in Sträußchen zerpflücken. Ei schälen, in Sechstel teilen. Tomate waschen, Stengelansatz entfernen. Tomate achteln. Salat mit Petersilie, Ei und Tomate garnieren.

Pellkartoffeln mit Quark

Pellkartoffeln mit Quark und Zwiebeln sind ein Musterbeispiel dafür, daß ein Gericht nicht exotisch oder kompliziert sein muß, um gut zu schmecken. Kein Wunder, daß Pellkartoffeln mit Quark über die Grenzen Berlins hinaus beliebt sind.

Zutaten für 4 Personen

1 kg Kartoffeln
Salz
1 Zwiebel
4 hartgekochte Eier
500 g Magerquark
2 Eßlöffel Öl
100 g saure Sahne
schwarzer Pfeffer
1 Prise Zucker
1 Teelöffel Zitronensaft
1 Bund Schnittlauch

Kartoffeln waschen, abbürsten. In einen Topf mit kaltem, stark gesalzenem Wasser geben. Zugedeckt vom Kochen an in 30 Minuten garen. Inzwischen Zwiebel schälen und sehr fein hacken. Eier schälen. Eigelb durch ein Sieb streichen. In einer Schüssel mit dem Quark verrühren. Öl und saure Sahne nach und nach einrühren. Mit Zwiebel, Salz, Pfeffer, einer Prise Zucker und Zitronensaft abschmecken. Zum Schluß das klein gehackte Eiweiß reingeben. Gut mischen und 30 Minuten ziehen lassen.
Schnittlauch abspülen, trockentupfen und fein hacken. Vor dem Auftragen über den Quark streuen. Mit abgeschreckten, abgezogenen Pellkartoffeln servieren.

Wer mag, kann die Kartoffeln vor dem Servieren mit Butter übergießen.

6
5
4
3
2

Fleischgerichte

Schlachtplatte Berliner Art

Zutaten für 4 Personen

375 g durchwachsenes Schweinefleisch
1/2 l Wasser
Salz
3 Nelken
1 Lorbeerblatt
1 Zwiebel
2 Schweinenieren (je 150 g)
4 kleine frische Leberwürste (je 200 g)
4 kleine frische Blutwürste (je 200 g)
Für das Sauerkraut:
2 Zwiebeln
250 g säuerliche Äpfel
50 g Schweineschmalz
750 g Sauerkraut
8 Wacholderbeeren
1/4 l Wasser
1 große Kartoffel
Salz
1 Prise Zucker

Schweinefleisch unter kaltem Wasser abspülen. Wasser und Salz in einem Topf aufkochen. Das Fleisch und die geschälte, mit Nelken und Lorbeerblatt gespickte Zwiebel reingeben. Topf zudecken und 60 Minuten bei milder Hitze kochen. Nieren der Länge nach aufschneiden. Weiße Röhren und Fett entfernen. Nieren unter fließendem, kaltem Wasser abspülen. 15 Minuten in kaltem Wasser wässern. Die Nieren 15 Minuten vor Ende der Garzeit zum Fleisch in den Topf geben und gar kochen. Wenn das Fleisch gar ist, die Würste in den Topf geben und in 5 Minuten heiß werden lassen. Die Brühe darf dann aber nicht mehr kochen.

Während das Fleisch kocht, die Zwiebeln und Äpfel schälen. Die Äpfel sorgfältig entkernen. Beides in kleine Würfel schneiden. Dann Schweineschmalz in einem Topf erhitzen. Die Zwiebel- und Apfelwürfel darin in fünf Minuten hellgelb anbraten. Das Sauerkraut mit zwei Gabeln etwas lockern und zu der Apfel-Zwiebel-Masse in den Topf geben. Wacholderbeeren drüberstreuen. Dann mit Wasser auffüllen und aufkochen. Das Sauerkraut im zugedeckten Topf bei schwacher Hitze in 30 Minuten gar werden lassen. Noch mal mit Salz und Zucker nach Geschmack abschmecken.

Kartoffel schälen und waschen. Auf einer feinen Reibe ins Sauerkraut reiben. Durchrühren. Kraut noch 5 Minuten kochen lassen. Mit Salz und Zucker abschmecken. Sauerkraut auf eine große, vorgewärmte Platte geben. Fleisch, Nieren und

Würstchen aus der Brühe nehmen, abtropfen lassen und auf dem Sauerkraut anrichten.
Beilagen: Salzkartoffeln oder Kartoffelbrei mit gebratenen Speck- und Zwiebelwürfeln, Erbspüree. Mostrich und helles Bier gehören dazu.

Berliner Hühnerfrikassee

Wenn Sie dieses Rezept nach original Berliner Art zubereiten wollen, müssen Sie noch 100 g gekochten, gewürfelten Kuheuter in die Soße geben. Aber manche verzichten lieber darauf. Sie sagen: Das machten früher arme Leute.

Zutaten für 4 Personen

1 frisches oder tiefgekühltes Suppenhuhn (1 kg)
Salz
250 g Spargelstücke
40 g Margarine
40 g Mehl
1/2 l Hühnerbrühe
250 g Champignons aus der Dose
100 g gekochte Kalbszunge
8 Krebsschwänze (Dose)
1 Eßlöffel Kapern
1 Eßlöffel Krebsbutter (fertig gekauft)

Huhn waschen. In 1 l leicht gesalzenem Wasser gar kochen. Das dauert etwa 90 Minuten. In der Zwischenzeit den Spargel schälen und in 10–15 Minuten gar kochen. Das Huhn häuten. Fleisch von den Knochen trennen. Würfeln. Margarine im Topf erhitzen. Mehl reinrühren. Mit Brühe aufgießen, rühren und 5 Minuten kochen. Spargelstücke und Champignons abtropfen lassen. Champignons in Scheiben, Kalbszunge in Würfel schneiden. Mit dem gewürfelten Hühnerfleisch, den Krebsschwänzen und den Kapern in die Soße geben. Einige Minuten kochen lassen. Vor dem Servieren die Krebsbutter draufgeben und zerlaufen lassen.
Beilage: Petersilienreis und als Getränk Weißwein.

Eisbein mit Sauerkraut

Zutaten für 4 Personen

Für das Eisbein:
4 Portionen Eisbein (etwa 2 kg)
3 l Wasser
Salz
2 Zwiebeln
2 Lorbeerblätter
4 Pfefferkörner
5 Gewürzkörner (Piment)
1 Prise Zucker

Für das Sauerkraut:
60 g Schweineschmalz
500 g Sauerkraut
1 Zwiebel
5 Gewürznelken
1/2 Lorbeerblatt
4 Wacholderbeeren
1 Prise Zucker

Im In- und Ausland gilt Eisbein als eines der deutschen Nationalgerichte. Und zweifellos ist es in einigen Gegenden sehr beliebt, vor allem in Berlin, wo es ein traditioneller Richtfestschmaus ist. Allerdings ist es nicht gerade kalorienarm. Die typischen Beilagen sind Sauerkraut und Kartoffelbrei, manchmal auch Erbspüree. Als Getränk paßt am besten Bier dazu. Hinterher sollten Sie auf jeden Fall ein Schnäpschen reichen.

Eisbein unter kaltem Wasser abspülen. In kochendes, gesalzenes Wasser geben. Geschälte Zwiebeln grob würfeln oder achteln. Mit den Gewürzen zum Eisbein geben. Etwa 90 Minuten leise kochen lassen.
Nach etwa 45 Minuten das Sauerkraut zubereiten. Dazu Schmalz in einem Topf gut heiß werden lassen. Sauerkraut mit zwei Gabeln etwas auseinanderzupfen. Reingeben. Zwiebel schälen. Mit den Gewürznelken spicken. Zusammen mit dem Lorbeerblatt, den Wacholderbeeren und dem Zucker dazugeben. Alles schwach kochen lassen. Nach 40 bis 45 Minuten ist das Sauerkraut gar. Auf eine Platte geben. Eisbein aus der Kochbrühe nehmen. Abtropfen lassen. Auf dem Sauerkraut anrichten. Beilagen: Erbspüree und Kartoffelbrei.

Die Eisbeinbrühe können Sie prima als Grundlage für Kartoffelsuppe, Erbsensuppe oder Eintopf-Gerichte verwenden.

Kalbsleber Berliner Art

Wie Wasser in die Spree gehören zu Kalbsleber Berliner Art knusprige Zwiebelringe und butterweich gebratene Apfelscheiben.

Zutaten für 4 Personen

4 Scheiben Kalbsleber (à 125 g)
2 große Zwiebeln
2 säuerliche Äpfel
1 Eßlöffel Mehl
Salz
schwarzer Pfeffer
1 Eßlöffel Öl
3 Eßlöffel Butter
4 dünne Scheiben durchwachsener Speck

Die Leber, falls nötig, von Haut und Sehnen befreien. Die Zwiebeln und die Äpfel schälen. Das Kerngehäuse der Äpfel mit einem Apfelausstecher entfernen und Äpfel und Zwiebeln in Scheiben schneiden. Das Mehl mit Salz und Pfeffer vermischen. Das Öl und 1 Eßlöffel Butter in einer Pfanne erhitzen, die Speckscheiben darin knusprig braten und aus dem Fett nehmen. Die Leberscheiben in dem gewürzten Mehl wenden und in dem heißen Fett von beiden Seiten in 5 Minuten braun braten.
In einer zweiten Pfanne die restliche Butter erhitzen und zuerst die Apfelscheiben darin weich dünsten, diese aus der Pfanne nehmen und warmstellen, dann in dem gleichen Fett die Zwiebelringe glasig braten.
Die gebratenen Leberscheiben mit Pfeffer würzen und auf einer vorgewärmten Platte anrichten. Mit den Apfelscheiben und den Zwiebelringen bedecken und die knusprigen Speckscheiben darübergeben.
Beilage: Kartoffelbrei und kühles Bier.

Ochsenbrust Spreewälder Art

Zutaten für 4 Personen

750 g Ochsenbrust
1 l Wasser, Salz
1 Zwiebel
1 Lorbeerblatt
2 Nelken
5 Pfefferkörner
1 Bund Suppengrün
Für die Beize:
4 Eßlöffel Öl
2 Eßlöffel Essig
1 Prise Zucker
Salz, schwarzer Pfeffer
Für die Essig-Kräuter-Soße:
1 hartgekochtes Ei
1 kleine Zwiebel
1 Röhrchen Kapern
je 1/2 Bund Schnittlauch, Dill und Petersilie
1 Stengel Estragon
1 Stengel Kerbel
3 Eßlöffel Weinessig
6 Eßlöffel Öl
1/2 Teelöffel Senf
Salz, weißer Pfeffer
Für die Garnierung:
1 Kopf Salat
1/4 Salatgurke
3 Tomaten
1/2 Glas Rote Bete (150 g)
1/2 kleines Glas Selleriesalat (150 g)
1/2 kleines Glas eingelegte Wachsbohnen (150 g)
2 Gewürzgurken
1 hartgekochtes Ei

Ochsenbrust Spreewälder Art ist fast eine Salatplatte mit Fleischscheiben. Sie macht viel Arbeit, schmeckt aber vorzüglich. Und sie hat einen großen Vorteil: Wenig Kalorien.

Ochsenbrust unter kaltem Wasser abspülen. In das sprudelnd kochende, leicht gesalzene Wasser geben. Dazu die geschälte, mit Lorbeerblatt und Nelken gespickte Zwiebel, Pfefferkörner und das geputzte, gewaschene und zerkleinerte Suppengrün geben. Zugedeckt bei mittlerer Hitze 90 Minuten kochen lassen. Das Fleisch in der Brühe erkalten lassen. Dann rausnehmen. Von Brüherückständen säubern. Fett abschneiden. Fleisch in hauchdünne, gleichmäßige Scheiben schneiden.
Für die Beize Öl, Essig, Zucker, Salz und Pfeffer in einer Schüssel verrühren. Fleisch reinlegen. 30 Minuten darin ziehen lassen.
In der Zwischenzeit für die Essig-Kräuter-Soße das hartgekochte Ei schälen und fein hacken. Zwiebel schälen und reiben. Kapern abtropfen lassen und hacken. Kräuter unter fließendem Wasser abbrausen, mit Haushaltspapier trockentupfen. Schnittlauch und Dill fein schneiden. Petersilie, Estragonblätter und Kerbel hacken. In einer Schüssel Essig, Öl und Senf verrühren. Mit Salz und Pfeffer würzen. Mit Ei, Zwiebel, Kapern und den Kräutern mischen.
Für die Garnierung Kopfsalat zerpflücken. In kaltem Wasser waschen. Blätter in einem Küchentuch trockenschwenken. Salatgurke abspülen,

abtrocknen und in Scheiben schneiden. Tomaten häuten, Stengelansätze rausschneiden. Tomaten auch in Scheiben schneiden. Rote Bete, Selleriesalat und Wachsbohnen jeweils etwas abtropfen lassen. Gewürzgurken in Scheiben schneiden. Ei schälen und auch in Scheiben schneiden. Eine große runde Platte mit den Kopfsalatblättern belegen. In die Mitte das abgetropfte Fleisch geben. Rundherum Gurken- und Tomatenscheiben. Rote Bete, Selleriesalat, Wachsbohnen und Gewürzgurken anrichten.
Fleisch mit der Essig-Kräuter-Soße übergießen. Mit Eischeiben belegen. Sofort servieren.
Beilage: Bratkartoffeln.

Berliner Rinderbrust garniert

Gewaschene Rinderbrust in kochendes, gesalzenes Wasser geben. Zwiebel schälen und mit den Gewürznelken spicken. Zusammen mit Lorbeerblättern und Pfeffer zugeben. Suppengrün putzen, kleinschneiden. Auch reingeben. Etwa 2 Stunden sieden lassen.
Fleisch aus der Brühe nehmen. In Portionsstücke schneiden und anrichten. Gemüse anlegen. Etwas Fleischbrühe drübergießen.
Beilagen: Weiße Meerrettichsoße, Brühkartoffeln, Rot Bete, saure Gurken, Senfgurken, Perlzwiebeln. Auch Preiselbeerkompott.

Zutaten für 4 Personen

1 kg Rinderbrust
Salz
1 Zwiebel
5 Gewürznelken
2 Lorbeerblätter
Pfeffer
1 Bund Suppengrün (Möhren, Sellerie, Porree und Petersilie)

Kohlrouladen Berliner Art

Zutaten für 4 Personen

1 Kopf Weißkohl
Salz
2 l Wasser
Für die Füllung:
2 Zwiebeln
100 g Frühstücksspeck
125 g Geflügelleber
Salz
weißer Pfeffer
1 gestrichener Teelöffel zerriebener Thymian
375 g gemischtes Hackfleisch
1 Bund Petersilie
1 Apfel
Außerdem:
1/8 l Bratensaft (Fertigprodukt)
1 Lorbeerblatt

Weißkohl putzen, unter kaltem Wasser abspülen, abtropfen lassen. Strunk rausschneiden. Kohlkopf in einen großen Topf in kochendes, leicht gesalzenes Wasser legen und in 20 Minuten garen.
Zwiebeln schälen und hacken. Frühstücksspeck fein würfeln. Geflügelleber mit Haushaltspapier abtupfen. Sehnen dabei raustrennen. Leber in grobe Stücke teilen. Speck in einer Pfanne auslassen. Zwiebeln darin gelb dünsten. Geflügelleber zugeben, in 3 Minuten rundum anbraten und mit Salz, Pfeffer und Thymian würzen. Abkühlen lassen. Hackfleisch in eine Schüssel geben. Petersilie waschen, trockentupfen und hacken. Apfel schälen, entkernen und würfeln. Abgekühlte Leber mit Speck und Zwiebeln, Petersilie und Apfel zum Hackfleisch geben. Gut mischen. Mit Salz und Pfeffer nachwürzen.
Kohlkopf rausnehmen, abtropfen und abkühlen lassen. Blätter ablösen. Dicke Rippen rausschneiden und jeweils ein großes und ein bis zwei kleinere Blätter zusammenlegen. Kohlblätter mit Salz und Pfeffer würzen. Die Fleischfüllung darauf verteilen. Kohlblätter zusammenrollen und mit Garn umwickeln. In einen Topf legen. Mit Bratensaft übergießen. Lorbeerblatt zufügen. In den vorgeheizten Ofen auf die mittlere Schiene stellen.
45 Minuten bei 180 Grad schmoren. Kohlrouladen rausnehmen, Garn entfernen. Rouladen auf einer vorgewärmten Platte anrichten. Soße etwas einkochen lassen abschmecken und drübergießen.
Beilage: Kartoffelbrei, Salzkartoffeln oder Reis.

Buletten

Kennen Sie den Unterschied zwischen Buletten und Frikadellen? Die Buletten werden paniert. Die Frikadellen nicht. Im übrigen sind Buletten echte Berliner. Man kann sie dort als kalte Happen zwischen Schnaps und Bierchen in jeder Eckkneipe kaufen.

Brötchen in mit Milch gemischtem Wasser einweichen. Zwiebeln schälen, würfeln und in heißer Margarine goldgelb braten.
Hackfleisch in eine Schüssel geben. Brötchen ausdrücken. Zerpflückt aufs Fleisch geben. Dann kommen Zwiebelwürfel, Fett, Ei und Gewürze dazu. Mit einer Gabel gut mischen. Am allerbesten mischt man Fleischteig mit der sauberen Hand. Würzig abschmecken. Teig in 8 Portionen teilen. Daraus Kugeln formen, die flachgedrückt werden. Zuerst in verquirltem Ei, dann in Semmelbröseln wenden. Margarine in der Pfanne erhitzen. Die Buletten darin erst auf beiden Seiten anbraten. Dann pro Seite in 7 Minuten garbraten.
Beilage: Kartoffelsalat oder Porreegemüse mit Petersilienkartoffeln.

Zutaten für 4 Personen

1 altbackenes Brötchen
1/8 l Milch
1/8 l Wasser
2 Zwiebeln
20 g Margarine
je 250 g Schweine- und Rindergehacktes
1 Ei
Salz
Pfeffer
geriebene Muskatnuß
Für die Panade:
1 Ei
50 g Semmelbrösel
60 g Margarine zum Braten

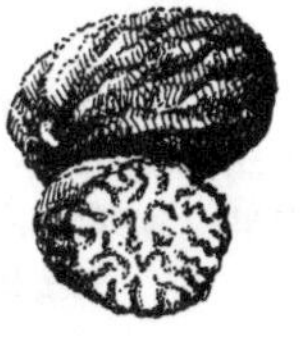

Tauben Berliner Art

Zutaten für 4 Personen

Für die Füllung:
150 g Champignons aus der Dose
1 Zwiebel
Leber, Herz und Mägen von 4 Tauben
40 g Butter
1/2 Bund Petersilie
1/2 rote Paprikaschote
1 Trüffel aus der Dose
30 g Semmelbrösel
1 Ei
Salz
weißer Pfeffer
Außerdem:
4 küchenfertige Tauben von je 250 g
1 1/2 l heiße Fleischbrühe
Salz
weißer Pfeffer
Für die Chaudfroid-Soße:
2 Blatt weiße Gelatine
30 g Butter
30 g Mehl
je 1/8 l heiße Taubenbrühe und Sahne
Salz
weißer Pfeffer
Zum Garnieren:
8 kleine Tomaten
150 g Waldorf-Salat (fertig gekauft)

Die Tauben Berliner Art, in der feinen Küchensprache Pigeon à la berlinoise genannt, gehören in die klassische Küche und sind ein besonderes Festessen.

Für die Füllung Champignons abtropfen lassen und blättrig schneiden. Zwiebel schälen und fein hacken. Lebern, Herzen und Mägen reinigen, abspülen und trockentupfen. Butter in einer Pfanne erhitzen. Zwiebel darin 3 Minuten anbraten. Dann Champignons und die Innereien dazugeben. Alles 5 Minuten unter häufigem Wenden braten. Durch den Fleischwolf (feine Scheibe) drehen.
Petersilie abspülen und trockentupfen. Paprikaschote putzen, waschen und abtropfen lassen. Beides fein hacken. Die Trüffel ebenfalls. Alle Zutaten in eine Schüssel mit Semmelbröseln und Ei mischen. Mit Salz und Pfeffer abschmecken.
Tauben innen und außen waschen, trockentupfen und füllen. Öffnung mit Holzspießchen zustecken. Flügel und Keulen mit Zwirn zusammenbinden.
Fleischbrühe in einem großen Topf aufkochen, mit Salz und Pfeffer abschmecken. Tauben auf eine saubere Serviette legen. Die Serviette wie einen Sack zusammenbinden und in die Brühe gleiten lassen. Tauben im geschlossenen Topf 60 Minuten bei kleiner Hitze ziehen lassen. In der Brühe erkalten lassen.
Für die Chaudfroid-Soße Gelatine in kaltem Wasser einweichen. Butter in einem Topf erhitzen. Mehl reinrühren und unter Rühren Taubenbrühe und Sahne dazugießen. 10 Minuten kochen. Mit

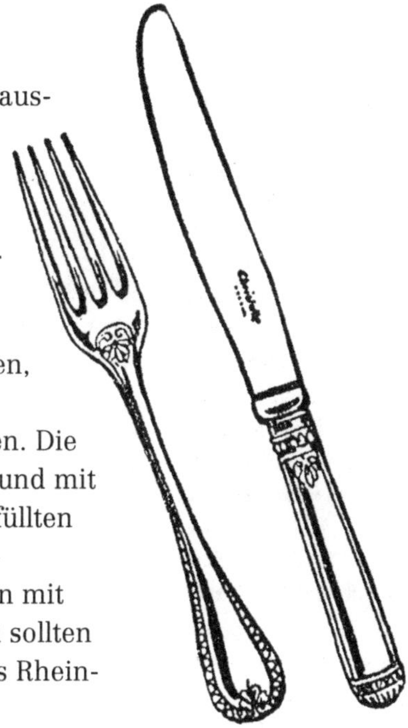

Salz und Pfeffer abschmecken. Gelatine ausdrücken, unter Rühren in der heißen Soße auflösen. Etwas abkühlen lassen. Tauben aus der Serviette nehmen, abtropfen lassen und die Haut abziehen. Tauben auf eine Platte legen. Mit der Chaudfroid-Soße überziehen. Erkalten lassen. Tomaten waschen und abtrocknen, Stengelansätze rausschneiden. Tomatenoberseite als Deckel abschneiden. Die Tomaten mit einem Teelöffel aushöhlen und mit Waldorf-Salat füllen. Tauben mit den gefüllten Tomaten umlegt servieren.
Wann reichen? Als festliches Abendessen mit Kopfsalatherzen, Toast und Butter. Dazu sollten Sie einen besonders guten Weißwein aus Rheinhessen reichen.

Wenn Sie die Mühe nicht scheuen, können Sie in die Füllung zusätzlich noch abgezogene, feingehackte Pistazien geben und frische, in Butter gedünstete Champignons.

Rinderrouladen

Zutaten für 4 Personen

4 Rinderrouladen von je 150 g (aus der Keule geschnitten)
1 Teelöffel scharfer Senf
weißer Pfeffer
Salz
50 g fetter Speck
1 große Zwiebel
2 große Gewürzgurken
50 g Kokosfett oder 5 Eßlöffel Öl
3/8 l heißes Wasser
4 Pfefferkörner
1/2 Lorbeerblatt
1 Eßlöffel Speisestärke

Es ist schwer, von einer typisch deutschen Küche zu sprechen. Dazu ist sie in den einzelnen Gegenden zu unterschiedlich. Aber die Rinderroulade kann man getrost als ein typisch deutsches Gericht bezeichnen. Die Berliner behaupten sogar, die Erfinder zu sein. Heute wird sie überall gegessen, wenn auch mit unterschiedlichen Füllungen.

Rouladen mit Haushaltspapier abtupfen. Mit dem Handballen leicht flachdrücken. Mit Senf bestreichen, mit Pfeffer und Salz bestreuen, Speck in dünne, 1/2 cm breite Streifen schneiden. Zwiebel schälen und halbieren. Gurken abtropfen lassen. Zusammen mit den Zwiebeln in dünne Streifen schneiden.
Speck, Zwiebeln und Gurken auf die Rouladen verteilen. Aufrollen. Mit Rouladenklammern, mit Spießchen oder mit Rouladengarn zusammenhalten. Kokosfett oder Öl in einem Topf rauchheiß erhitzen. Rouladen darin rundherum in 15 Minuten braun anbraten. Wasser zugießen. Pfefferkörner und Lorbeerblatt in den Topf geben. Rouladen zugedeckt 80 Minuten schmoren lassen. Rausnehmen und auf einer vorgewärmten Platte warm stellen. Speisestärke mit etwas kaltem Wasser in einem Becher glattrühren. Bratfond damit binden, einmal aufkochen lassen. Soße durch ein Sieb gießen. Mit Salz und Pfeffer pikant abschmecken und gesondert servieren.
Beilagen: Rotkohl, Rosenkohl, Schwarzwurzeln oder Gewürzgurken und Salzkartoffeln.

Berliner Rinderschmorbraten

Rindfleisch kurz abspülen und trockentupfen. Mit Pfeffer und Salz einreiben. Speck würfeln, in einem Topf auslassen. Margarine darin erhitzen. Rindfleisch reingeben und von allen Seiten in 15 Minuten braun anbraten.
In der Zwischenzeit Zwiebeln, Sellerie, Möhren und Petersilienwurzel schälen, waschen, trockentupfen, in Scheiben schneiden und 5 Minuten mitbraten. Malzbier vom Topfrand her zugießen. Fleisch im geschlossenen Topf 90 Minuten bei mittlerer Hitze schmoren lassen. Gelegentlich mit Fond begießen.
Braten aus dem Topf nehmen. Auf einer vorgewärmten Platte warm stellen. Bratfond durch ein Sieb in einen Topf gießen. Mehl mit Wasser in einer Tasse verquirlen und in den Fond rühren. 5 Minuten kochen lassen. Soße mit Zucker und Essig abschmecken und mit Salz und Pfeffer nachwürzen. Sauciere getrennt zum Braten reichen. Beilagen: Rotkohl, Salzkartoffeln oder Kartoffelklöße.

Häufig wird kurz vor Ende der Garzeit ein Pfefferkuchen in den Bratenfond gerieben.

Zutaten für 4 Personen

750 g Rindfleisch vom Bug oder aus der Keule
schwarzer Pfeffer
Salz
75 g geräucherter fetter Speck
20 g Margarine
2 Zwiebeln
1/4 Sellerieknolle
2 Möhren
1 Petersilienwurzel
1 Flasche Malzbier
2 Eßlöffel Mehl
1 Eßlöffel Zucker
Essig

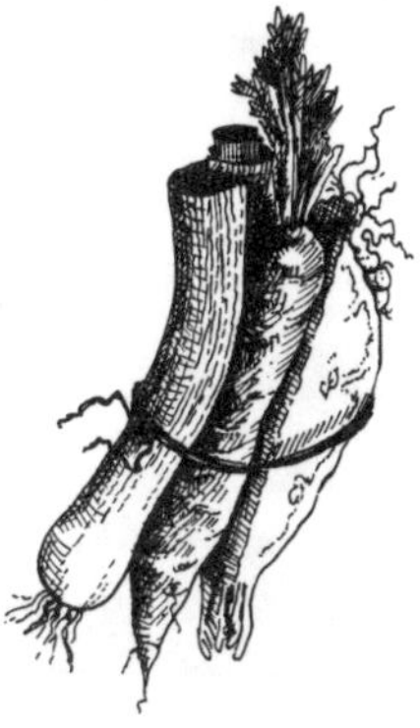

Kalbsschnitzel Holstein

Zutaten für 4 Personen

Für die Schnitzel:
4 Kalbsschnitzel von je 150 g
Salz
weißer Pfeffer
40 g Margarine oder
4 Eßlöffel Öl
Außerdem:
4 Scheiben Weißbrot
60 g Butter oder Margarine
1 große Scheibe Räucherlachs
4 Ölsardinen aus der Dose
8 Sardellenfilets aus der Dose
1 kleines Glas Kaviar (15 g)
4 Eier
Salz
Zum Garnieren:
1 Zitrone
1 Gewürzgurke

Dieses äußerst leckere Kalbsschnitzel war ein Lieblingsgericht von Friedrich von Holstein (1837 bis 1909). Der Vortragende Rat aus Berlin hatte nie Zeit und ließ sich deshalb Vorspeise und Hauptgericht auf einem Teller servieren. Das Kalbsschnitzel Holstein wurde auf seinen Wunsch und nach seinen Vorstellungen erstmalig in Berlin, im Restaurant F. W. Borchardt, zubereitet.

Schnitzel mit Haushaltspapier abtupfen. Mit Salz und Pfeffer würzen. Margarine oder Öl in einer Pfanne erhitzen. Schnitzel reinlegen. Bei kleiner Hitze auf jeder Seite 4 Minuten braten.
In der Zwischenzeit Rinden von den Weißbrotscheiben abschneiden. Scheiben dann zweimal diagonal durchschneiden. Butter oder Margarine in einer anderen Pfanne erhitzen. Weißbrotecken reinlegen. Auf jeder Seite in 2 Minuten goldgelb braten. Rausnehmen. Räucherlachs vierteln. 4 Weißbrotecken damit belegen. Die übrigen Ecken jeweils mit Ölsardinen, Sardellenfilets und Kaviar. Schnitzel aus der Pfanne nehmen. Auf eine vorgewärmte Platte legen. Warm stellen.
Ins heiße Bratfett die vier Eier gleiten lassen. Eiweiß salzen. Eier bei großer Hitze 3 Minuten braten. Rausnehmen. Auf die Schnitzel legen. Die belegten Weißbrotecken drumherum anrichten. Zitrone unter warmem Wasser abspülen. Mit Haushaltspapier abtrocknen und in Scheiben schneiden. Die Gurke auch in Scheiben schneiden. Als Garnierung an den Rand legen.

Pökelkamm Berliner Art

Diese deftige Mahlzeit ist etwas für kalte Tage und sie kommt, wie der Name schon sagt, aus Berlin.

Pökelkamm in eine Schüssel mit kaltem Wasser legen und über Nacht entsalzen. Herausnehmen. In einem Topf mit kaltem Wasser aufkochen. Zwiebel schälen, halbieren, zusammen mit Lorbeerblättern, Pfeffer- und Senfkörnern und Thymian zum Fleisch geben. Aufkochen lassen. Hitze reduzieren und 120 Minuten sieden lassen. Das Fleisch soll gar, aber nicht zu weich sein. 1/8 l Fleischbrühe abnehmen, durch ein feines Haarsieb geben und warm stellen.
Für das Sauerkraut die Zwiebel schälen und hacken. Sauerkraut mit einer Gabel zerpflücken. Das Schweineschmalz in einem Topf erhitzen. Zwiebelwürfel reingeben und in 3 Minuten glasig werden lassen. Sauerkraut und Lorbeerblatt dazugeben. Mit wenig Salz, weißem Pfeffer und gemahlenem Kümmel würzen. Brühe angießen. Sauerkraut bei mittlerer Temperatur in 20 Minuten gar kochen.
Pökelkamm aus dem Topf nehmen, abtropfen lassen und in dicke Portionsstücke schneiden. In einer vorgewärmten Schüssel anrichten und etwas Brühe drübergießen. Sauerkraut noch mal abschmecken und getrennt servieren.
Beilage: Salzkartoffeln oder Kartoffelbrei. Als Getränk paßt ein kühles Bier dazu.

Zutaten für 4 Personen

Für den Pökelkamm:
800 g gepökelter Schweinekamm
3/4 l Wasser
1 große Zwiebel
3 Lorbeerblätter
5 schwarze Pfefferkörner
1/2 Teelöffel Senfkörner
1/2 Teelöffel getrockneter Thymian
Für das Sauerkraut:
1 Zwiebel
500 g Sauerkraut
50 g Schweineschmalz
1 Lorbeerblatt
Salz
weißer Pfeffer
1 Messerspitze gemahlener Kümmel
1/8 l Fleischbrühe vom Schweinekamm

Kasseler

Neben Eisbein mit Sauerkraut und Erbspüree und Kartoffelpuffern haben die Berliner noch ein drittes Leibgericht: Kasseler. Übrigens hat der Eigenname Kasseler nichts mit der hessischen Landeshauptstadt zu tun. Im 19. Jahrhundert räucherte eines Tages der Berliner Fleischermeister Kassel ein großes Stück Schweinerücken und legte es dann in eine Salzlösung. Und damit hatte der findige Meister sich zumindest auf der deutschen Speisekarte unsterblich gemacht.
Auch wenn heute sein Urrezept nicht mehr so geruhsam wie in der guten alten Zeit nachgemacht wird – Kasseler wird meist nicht mehr gepökelt, sondern mit Salz gespritzt – der typische, beliebte Geschmack blieb erhalten. Wußten Sie auch schon, daß auf die gleiche Weise auch Schweineschulter, -bauch und -rippchen zubereitet werden? Das ist regional verschieden. In diesem Fall heißen die Stücke Kasseler Kamm, Kasseler Blatt, Kasseler Bauch oder Kasseler Rippchen.

Kasseler Braten nach Berliner Art wird entweder mit wenig Wasser, einer Zwiebel, Möhre, Tomate, Lorbeerblatt und Pfefferkörnern im Backofen gebraten oder mit den angegebenen Zutaten im Topf auf dem Herd geschmort. Die Soße wird durchgesiebt und mit wenig Mehl gebunden. Ein Hauch weißer Pfeffer rundet sie ab. Sahne sollte nicht dazu. Sie nimmt den typischen Geschmack weg.
Kasseler Braten kann als Sonn- und Feiertagsessen mit Rosenkohl, Grünkohl, Rotkohl, grünen Bohnen oder Sauerkraut serviert werden.

Im übrigen ist Kasseler ein rustikales Gäste-Essen. Man kann den Braten vorzüglich am Spieß zubereiten. Dazu reicht man einen Salat aus Paprika, Tomaten und Weißkohl in scharfer Marinade angerichtet.

Kasseler-Kotelett mit Äpfeln

Koteletts mit Haushaltspapier abtupfen. Öl in einer Pfanne erhitzen. Fleischstücke reingeben. Auf jeder Seite 1/2 Minute anbraten. Dann auf jeder Seite in 3 Minuten gar braten. Auf einer vorgewärmten Platte anrichten und warm stellen. Äpfel waschen und schälen. Kerngehäuse ausstechen. In dünne Scheiben schneiden. Butter in einem Topf erhitzen, Apfelscheiben darin 3 Minuten braten. Wasser zugießen. 3 Minuten dünsten. Auf den Koteletts anrichten.
Für die Soße die geschälte, gewürfelte Zwiebel im Bratfond 3 Minuten hellbraun braten. Mehl drüberstäuben. Fleischbrühe zugießen. Tomatenketchup unterrühren. Mit Salz und Pfeffer abschmecken. Gewaschene, gehackte Petersilie reingeben. Getrennt zum Fleisch reichen.

Zutaten für 4 Personen

Für das Fleisch:
4 Kasseler-Koteletts von je 150 g
3 Eßlöffel Öl
4 saure Äpfel
20 g Butter
3 Eßlöffel Wasser
Für die Soße:
1 Zwiebel
1 Eßlöffel Mehl
1/4 l heiße Fleischbrühe
3 Eßlöffel Tomatenketchup
Salz
Pfeffer
1/2 Bund Petersilie

Kalbsnierenbraten

Zutaten für 6 Personen

1,5 kg Kalbsnierenstück oder Sattelstück längs geteilt (mit einer Niere, ohne Nierenfett und ohne Lendchen)
Salz
schwarzer Pfeffer
1 Möhre
1 Zwiebel
1 Bund Petersilie
2 Nelken
1 Lorbeerblatt
1 Tomate
50 g weiches Kokosfett
1/8 l Weißwein
1 Eßlöffel Speisestärke

Von dem Kalbsnierenstück die Niere entfernen. Das Fleisch von dem Knochen sauber ablösen. Die Niere entfetten und längs halbieren. Weiße Röhren und Sehnen entfernen. Die Niere waschen und wässern. Dann das Fleisch waschen, trockentupfen und mit der Hautseite nach unten legen. Den fleischigen Teil mit Salz und Pfeffer würzen. Kalbsniere trockentupfen und der Länge nach auf das Fleisch legen.

Das Fleisch von der dicken Seite her aufrollen und mit Baumwollfäden mehrmals umwickeln. Auch außen mit Salz und Pfeffer würzen. Die abgelösten, abgespülten Knochen klein hacken und in einen Bratentopf legen. Möhre und Zwiebel schälen, waschen, trockentupfen und in 2 cm große Würfel schneiden. Petersilie waschen, trockentupfen. Die Hälfte davon mit Möhren- und Zwiebelwürfel in dem Topf verteilen. Nelken, Lorbeerblatt und gewaschene, trockengetupfte, geviertelte Tomate auch zu den Knochen legen. Den Kalbsnierenbraten darauf setzen und mit Kokosfett bestreichen. Ein Butterbrotpapier darauflegen. Topf mit Deckel verschließen. In den vorgeheizten Backofen stellen. Bei 200 Grad 110 Minuten braten.

Den gegarten, leicht gebräunten Kalbsnierenbraten herausnehmen und vor dem Aufschneiden 10 Minuten auf vorgewärmter Platte warm stellen und ruhen lassen.

Weißwein zum Bratensatz geben, 2 bis 3 Minuten durchkochen und durchseihen. Soße entfetten. Speisestärke in einer Tasse mit etwas kaltem

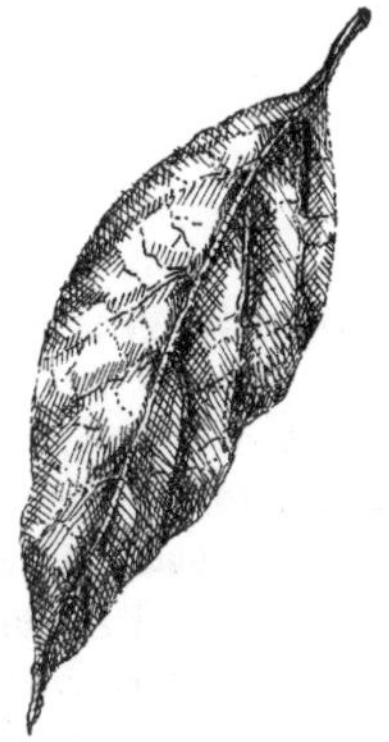

Wasser verrühren und die Soße damit binden. Braten aufschneiden. Mit Petersiliensträußchen garnieren.
Beilagen: Verschiedene Gemüse: Erbsen, Karotten, Bohnen. Kartoffelbrei oder Bratkartoffeln.

Bollenfleisch

Hammelfleisch mit Zwiebeln nennen die Berliner Bollenfleisch. Häufig wurden die Zwiebeln (Bollen) gleich mit dem Fleisch gegart.

Zutaten für 4 Personen

500 g Hammelschulter
1 Bund Suppengrün
1 Zwiebel
2 Nelken
1 Lorbeerblatt
3/4 l Wasser
Salz
Für die Soße:
300 g Zwiebeln
40 g Butter oder Margarine
30 g Mehl
1/2 l heiße Hammelfleischbrühe
1 Teelöffel Kümmel
Pfeffer
evtl. Salz

Fleisch unter kaltem Wasser abspülen, abtrocknen. Suppengrün putzen, waschen, in große Würfel schneiden. Zwiebel schälen. Mit Nelken und Lorbeerblatt spicken. Wasser in einem Topf aufkochen. Salzen. Fleisch, Suppengrün und Zwiebel reingeben und 90 Minuten kochen. Fleisch aus der Brühe nehmen, würfeln und warm stellen. Brühe durchsieben. Für die Soße Zwiebeln schälen und fein hacken. Butter oder Margarine in einem Topf heiß werden lassen. Zwiebeln darin goldgelb braten. Mehl drüberstäuben. Unter Rühren mit der heißen Hammelfleischbrühe ablöschen. 8 Minuten kochen. Soße mit Kümmel, Pfeffer und eventuell etwas Salz würzen. Fleischstückchen reingeben. Noch mal erhitzen, aber nicht mehr kochen lassen.
Beilage: Salzkartoffeln oder Kartoffelbrei.

Falscher Hase

Zutaten für 4 Personen

250 g gehacktes Rindfleisch
250 g gehacktes Schweinefleisch
1 Zwiebel
60 g Semmelbrösel
3 Eßlöffel kaltes Wasser
2 Eier
Salz
Pfeffer
1 Teelöffel Paprika edelsüß
1 Teelöffel Senf
1 kleines Bund Petersilie
80 g fetter, geräucherter Speck
4 Eßlöffel Margarine oder Öl
1/4 l heiße Fleischbrühe
1 gestrichener Teelöffel Speisestärke
1/8 l saure Sahne

Es gibt kaum eine deutsche Hausfrau, die nicht ihr eigenes Rezept vom Falschen Hasen hätte. Diesem aus Gehacktem zubereiteten Braten, den man länglich formt und damit eine entfernte Ähnlichkeit mit Hasenbraten gibt.

Hackfleisch in eine Schüssel geben. Dazu die geschälte, fein gewürfelte Zwiebel, Semmelbrösel, kaltes Wasser, aufgeschlagene Eier, Salz, Pfeffer, Paprika und Senf. Petersilie waschen, mit Haushaltspapier trocknen, hacken. Auch in die Schüssel geben. Zutaten mit den Händen gut durchmischen und daraus einen Fleischteig kneten. Fleischteig kräftig abschmecken. Dann den Braten wie ein länglichrundes Brot formen.
Speck in Scheiben schneiden. Die Hälfte im Bräter oder in der Fettpfanne 1/2 Minute anbraten. Margarine oder Öl dazugeben. Braten reinlegen. Rundherum anbraten. Dann die restlichen Speckscheiben obendrauf legen. In den heißen Ofen auf die mittlere Schiene schieben. Während der Garzeit nach und nach die heiße Fleischbrühe zugießen. Zwischendurch immer mal mit Bratfond beschöpfen. Etwa 45 Minuten bei 200 bis 225 Grad backen. Braten aus Bräter oder Fettpfanne nehmen. Auf einer vorgewärmten Platte warm stellen. Bratensaft loskochen. Eventuell noch etwas heißes Wasser zugießen. Speisestärke mit kaltem Wasser anrühren. Soße damit binden. Vom Herd nehmen. Saure Sahne reinrühren, aber nicht mehr kochen. Mit Salz und Pfeffer abschmecken. Soße getrennt zum Braten servieren.

Königsberger Klopse

Dies sind nun die überall bekannten und beliebten Königsberger Klopse. Dazu gehört selbstverständlich eine Kapernsoße, die leicht säuerlich abgeschmeckt wird. Deshalb nennt man in Berlin dieses Gericht auch Kapernklopse. Typische Beilagen sind Salzkartoffeln und Senfgurken.

Zutaten für 4 Personen

Für die Klopse:
1 Brötchen
1/4 l Wasser zum Einweichen
500 g gemischtes Hackfleisch
50 g fetter Speck
4 Sardellenfilets aus der Dose
1 Zwiebel
1 Ei
Salz
weißer Pfeffer
Zum Garen:
1 1/2 l Wasser
Salz
1 Lorbeerblatt
1 kleine Zwiebel
je 3 Pfeffer- und Gewürzkörner
Für die Soße:
30 g Margarine
30 g Mehl
2 Eßlöffel Kapern
Saft einer halben Zitrone
1/2 Teelöffel Senf
1 Eigelb
1 Prise Zucker
Salz
weißer Pfeffer

Brötchen 10 Minuten in kaltem Wasser einweichen. Ausdrücken, zerpflücken und mit dem Hackfleisch in eine Schüssel geben. Speck, abgetropfte Sardellenfilets und die geschälte Zwiebel fein hacken. Zum Hackfleisch geben. Ei reingeben. Gut mischen. Mit Salz und Pfeffer würzen.
Wasser mit Salz, Lorbeerblatt, der geschälten, halbierten Zwiebel, Pfeffer- und Gewürzkörnern in einem Topf aufkochen. Aus dem Fleischteig Klopse von 4 cm Durchmesser formen und in der Flüssigkeit in 20 Minuten gar ziehen lassen. Mit einem Schaumlöffel rausnehmen und in einer vorgewärmten Schüssel warm stellen. Brühe durch ein Sieb gießen. Auch warm stellen.
Für die Soße Margarine in einem Topf erhitzen. Mehl reinschütten und 3 Minuten unter Rühren durchschwitzen. Mit 1/2 l der durchgesiebten Brühe unter Rühren ablöschen. Kapern, Zitronensaft und Senf reingeben. 5 Minuten kochen lassen. Eigelb in einem Becher mit etwas Soße verquirlen. Wieder in die Soße rühren. Mit Zucker, Salz und Pfeffer würzen. Eventuell noch mit etwas Zitronensaft abschmecken. Klopse reingeben und noch mal heiß werden lassen. In einer vorgewärmten Schüssel anrichten und sofort servieren.

Laubenpieperbraten

Zutaten für 6 Personen

200 g geräucherter fetter Speck
1 Hase von 4 kg
Salz
Pfeffer
50 g Butter oder Margarine
1/8 l heißes Wasser
1/4 l heiße Fleischbrühe
2 Teelöffel Speisestärke
1/4 l saure Sahne

Eine Hälfte des Specks in Scheiben schneiden, die andere in 1/2 cm dicke Streifen. Diese Streifen 30 Minuten in den Kühlschrank legen. Hase abziehen, falls Sie ihn nicht küchenfertig gekauft haben. Dazu die Pfoten abschneiden. Aber so, daß sie an der Haut hängen bleiben. Haut an den Innenseiten der Keulen und eventuell auch noch die Bauchhaut aufschlitzen. Jetzt das Fell vorsichtig bis zum Kopf abziehen. Den Kopf mit Haut abschlagen. Hase unter kaltem Wasser abspülen. Mit Haushaltspapier abtrocknen. Sehnen entlang der Wirbelknochen einschneiden. Jetzt die zweite Haut abziehen.

Den Hasen rundherum mit Salz und Pfeffer einreiben. Keulen und Läufe mit den Speckscheiben und festem Garn umwickeln. Speckstreifen in die Spicknadel klemmen. Hasenrücken auf jeder Seite schräg von unten nach oben in Faserrichtung zur Wirbelsäule hin spicken. Hase auf der Brustseite in die Fettpfanne legen. Butter oder Margarine in einem Topf erhitzen, über den Hasen gießen. Fettpfanne auf die mittlere Schiene in den vorgeheizten Ofen stellen. 90 Minuten bei 200 Grad braten. Nach und nach das heiße Wasser drübergießen. Dann gelegentlich mit Bratfond überschöpfen. Hase auf einer Platte anrichten und warm stellen. Bratfond mit heißer Fleischbrühe loskochen. Durch ein Sieb in einen Topf gießen. Speisestärke mit etwas saurer Sahne verrühren, in die Soße geben. Einmal aufkochen. Restliche saure Sahne reinrühren. Soße noch mal erhitzen, aber nicht kochen. Mit Salz und Pfeffer nachwürzen.

Gänseleber Berliner Art

Gänseleber Berliner Art ist in einer halben Stunde fertig, sättigt, ohne den Magen zu belasten und – was das Beste ist – sie schmeckt vorzüglich.

Zutaten für 4 Personen

3 Äpfel
3 Zwiebeln
20 g Butter
4 kleine Scheiben Weißbrot
4 Gänselebern (800 g)
20 g Mehl
40 g Butter oder Margarine
Salz
1 Bund Petersilie

Gewaschene Äpfel schälen. Vierteln, Kerngehäuse entfernen. Zwiebeln schälen. Äpfel und Zwiebeln in dünne Scheiben schneiden. Butter in einer Pfanne erhitzen. Weißbrotscheiben darin auf jeder Seite 2 Minuten braten. Rausnehmen und warm stellen. Apfel- und Zwiebelringe in die Pfanne geben. Goldgelb braten. Auch warm stellen. Wenn nötig, von den Lebern die Sehnen entfernen. Mit Haushaltspapier abtupfen. In Mehl wenden. Butter oder Margarine in der Pfanne erhitzen. Leber darin auf jeder Seite 3 Minuten braten. Salzen und auf das geröstete Weißbrot verteilen. Auf einer vorgewärmten Platte mit Apfel- und Zwiebelringen anrichten. Mit gewaschener, trockengetupfter Petersilie garnieren.

Beilagen: Grüner Salat mit Joghurtmarinade. Auch Bratkartoffeln. Als Getränk empfehlen wir Bier oder Rosé.

Ente mit Teltower Rübchen

Zutaten für 4 Personen

1 junge Ente (1,5 kg)
Salz
weißer Pfeffer aus der Mühle
2 Eßlöffel Butter
750 g Teltower Rübchen
12 kleine weiße Zwiebeln
2 Eßlöffel Entenfett
1 Eßlöffel Zucker
1 Eßlöffel Mehl
1/8 l Weißwein
1/8 l Wasser
10 Pfefferkörner
1 Eßlöffel gehackte Petersilie

Die Ente waschen, trockentupfen und von innen und außen mit Salz und Pfeffer einreiben. Die Hälfte der Butter in einer Kasserolle auf dem Herd zerlassen und die Ente darin von allen Seiten anbraten. Im gut verschlossenen Topf auf die untere Schiene in den Backofen stellen und 60–90 Minuten bei 220 Grad braten. Die letzten 10 Minuten den Deckel abnehmen und die Ente bräunen lassen.
Während der Bratzeit der Ente die Teltower Rübchen sorgfältig schaben, die größeren halbieren. Die Zwiebeln abziehen. In einem zweiten Topf die restliche Butter und 2 Eßlöffel Entenfett erhitzen und die Zwiebeln und die Rübchen unter Schütteln des Topfes anbräunen. Mit dem Zucker bestreuen. Wenn dieser zu karamelisieren beginnt, das Mehl darüberstäuben und mit dem Wein und der gleichen Menge Wasser aufgießen. Herzhaft mit Salz und den Pfefferkörnern würzen. 40 Minuten bei leichter Hitze kochen lassen.
Die fertige Ente aus dem Topf nehmen. Den Bratensaft entfetten. Rübchen und Zwiebeln in den Topf geben und mit dem Bratensaft der Ente vermischen. Die Ente auf das Gemüse legen und noch 10 Minuten auf dem Herd schmoren lassen. Die Ente auf eine heiße Platte legen und mit dem Gemüse umkränzen, das mit der gehackten Petersilie bestreut wird.
Beilage: Salzkartoffeln.

Stolzer Heinrich

Sowohl die Schlesier als auch die Berliner kennen das Gericht Stolzer Heinrich. Aber niemand hat bis heute herausgefunden, wer es zuerst zubereitet hat. Vermutlich die Schlesier. Denn sie sind, wie die Fama sagt, die besten Berliner. Auf jeden Fall gehören zum Stolzen Heinrich Bier und Pfefferkuchen. Pfefferkuchen gibt der Soße erst die richtige Würze.

Zutaten für 4 Personen

4 grobe Bratwürste von je 150 g
1/4 l kochendheißes Wasser
30 g Mehl
4 Eßlöffel Öl
knapp 1/2 l helles Bier
1/8 l Milch
2 Eßlöffel geriebener Pfefferkuchen
Salz
weißer Pfeffer
1 Prise Zucker
1 Eßlöffel Zitronensaft

Bratwürste in einer Schüssel mit kochendem Wasser überbrühen. Rausnehmen. Mit Haushaltspapier trockentupfen und mit einer Gabel rundherum mehrmals einstechen.
Mehl auf einen Teller geben. Bratwürste darin wenden. Öl in einer Pfanne erhitzen, Bratwürste reingeben. In 5 Minuten braun braten. Mit der Hälfte des Biers ablöschen. 20 Minuten kochen lassen. Das Bier soll fast verkocht sein. Das restliche Bier und die Milch reingeben. Bratfond damit loskochen. Pfefferkuchen einstreuen. 3 Minuten bei schwacher Hitze kochen lassen. Soße mit Salz, Pfeffer, Zucker und Zitronensaft abschmecken. In einer Schüssel anrichten und sofort servieren.
Beilagen: Saure Gurken und dazu Kartoffelbrei oder deftiges Bauernbrot.

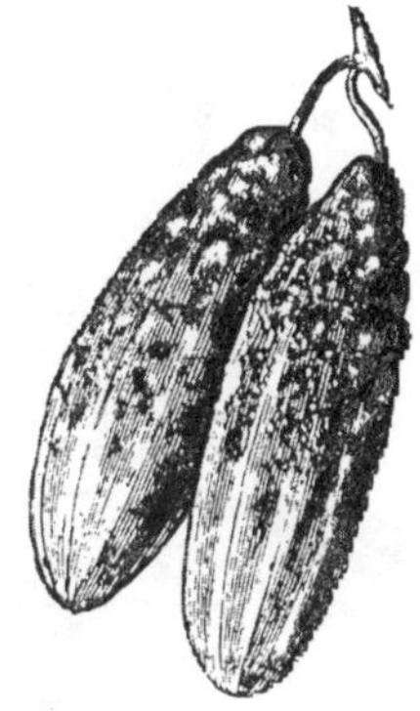

Fischgerichte

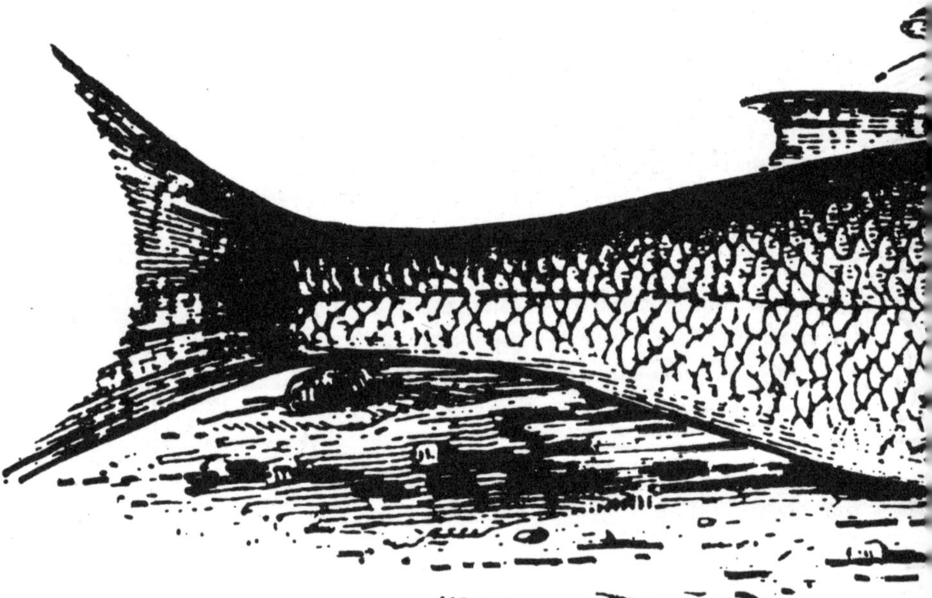

Hecht Spreewälder Art

Zutaten für 4 Personen

---

1 Hecht von 1 kg
Saft einer Zitrone
1 Stange Porree
3 Möhren
2 Zwiebeln
1/4 Sellerieknolle
50 g Butter
Salz
1/8 l heiße Fleischbrühe
1/8 l dunkles Bier
1/2 Lorbeerblatt
3 Gewürzkörner
3 weiße Pfefferkörner
30 g Mehl
1/4 l saure Sahne
1 Bund Schnittlauch

In der Spree gibt es natürlich immer noch Hechte. Ziemlich viele sogar. Kein Wunder also, daß es gerade im Spreewald besonders interessante Hecht-Rezepte gibt. Dies ist eines davon.

Hecht unter fließendem kaltem Wasser schuppen. Ausnehmen. Gut unter kaltem Wasser abspülen. Mit Haushaltspapier trockentupfen. Auf eine Platte legen. Mit Zitronensaft beträufeln. Beiseite stellen. Porree putzen, unter fließendem Wasser waschen, abtropfen lassen und in feine Streifen schneiden. Möhren und Zwiebeln schälen. Möhren waschen. Beides in feine Streifen schneiden. Ebenso die geschälte, gewaschene Sellerieknolle.
Butter in einem breiten Topf erhitzen. Gemüse 5 Minuten darin anrösten. Hin und wieder umrühren. Salzen. Mit heißer Fleischbrühe aufgießen. Noch 5 Minuten kochen lassen. Jetzt kommen das Bier und die Gewürze rein. Aufkochen lassen. Hecht reinlegen. Im geschlossenen Topf gar ziehen lassen.
Fisch mit einem Schaumlöffel vorsichtig herausheben. Auf einer vorgewärmten Platte anrichten und warm stellen.
Soße durchsieben. Wieder in einen Topf geben. Mehl mit saurer Sahne verrühren und unter Rühren in die kochende Soße geben. 5 Minuten kochen lassen. Abschmecken. Schnittlauch unter kaltem Wasser abspülen. Gut abtropfen lassen oder mit Haushaltspapier trockentupfen. Fein schneiden. Soße über den Hecht gießen. Mit Schnittlauch bestreut servieren.

Beilage: Gurken- oder gemischter Salat und Salzgurken, dazu Petersilien- oder in Butter geschwenkte Salzkartoffeln.

Wenn der Hecht im Ofen gebacken wird, richtet sich die Garzeit nach dem Alter des Fisches. Auf jeden Fall ist er aber gar, wenn sich die Rückenflosse mühelos rausziehen läßt.

Aal grün mit Weißwein

Aale vorbereiten und in 5–6 cm lange Stücke schneiden. Zwiebeln schälen, hacken und in Butter andünsten, Aalstücke dazugeben und kurze Zeit mitdünsten, dabei wenden. Kräuter aufstreuen und umrühren, Wein mit der doppelten Menge Wasser mischen und angießen, bis die Aalstücke bedeckt sind. Salzen, pfeffern, zugedeckt 8–10 Minuten kochen lassen. Eigelb mit Zitronensaft, Speisestärke und Butter verrühren, etwas Kochflüssigkeit dazugeben, die Mischung unterziehen und kurz aufkochen. Mit Zitronenachteln garniert reichen.
Die Berliner essen dazu Kartoffelsalat oder Salzkartoffeln und Gurkensalat.

Zutaten für 4 Personen

1 kg junge Aale
2 Zwiebeln
60 g Butter
1 Tasse gehackte Kräuter (z.B. Salbei, Dill, Kerbel, Petersilie, Zitronenmelisse)
2 Gläser Weißwein
Salz
Pfeffer
2 Eigelb
3 Eßlöffel Zitronensaft
1 Teelöffel Speisestärke
20 g Butter
Zitronenachtel

Krebse in Dillsauce

Zutaten für 4 Personen

36–48 lebende Krebse
Für den Kochsud:
1 l Wasser
1 l Weißwein (Riesling)
Salz
10 grobzerstoßene weiße Pfefferkörner
2 Nelken
1 Stück Schale von 1 unbehandelten Orange
1 Kräutersträußchen (1 Lorbeerblatt, 1 Zweig Thymian, einige Stengel Petersilie)
1 Zwiebel
1 Möhre
Für die Dillsoße:
1 Schalotte
1/4 l Krebssud
100 g Crème fraîche
1 Eßlöffel Butter
3 Eßlöffel gehackter Dill
Salz
schwarzer Pfeffer
Saft von 1/2 Zitrone

Die Krebse unter fließendem Wasser gründlich waschen. Für den Sud Wasser und Wein mit den Gewürzen in einem großen Topf zum Kochen bringen. Zwiebel und Möhre schälen und in Scheiben schneiden, zu dem Kochsud geben und alles 20 Minuten kochen lassen.

Die lebenden Krebse am Schwanz fassen und nacheinander jeweils 6–8 Stück in den Kochsud geben. Wenn das Wasser wieder kocht, die nächsten Krebse in den Topf geben. 5–6 Minuten kochen lassen. Die gekochten Krebse im Sud etwas abkühlen lassen. Von den gekochten Krebsen die Schwänze vom Rumpf drehen, an der Bauchseite aufbrechen, auslösen und den Darm am unteren Ende der Schwänze herausziehen. Die Scheren mit einer Hummerzange aufknacken und das Fleisch herausziehen. Das Krebsfleisch warm stellen und den Sud etwas einkochen lassen.

Für die Soße die Schalotte in kleine Würfel schneiden. Mit dem Sud in einen Topf geben und bei starker Hitze auf die Hälfte einkochen lassen. Die Crème fraîche hinzufügen und noch einmal einkochen lassen. Den Topf vom Herd nehmen und die Butter in Flöckchen unter die Soße rühren. Den Dill unter die Soße mischen und mit Salz, Pfeffer und Zitronensaft abschmecken.

Mit den Krebsschwänzen vermischen und sofort servieren.

Schüsselhecht

Hecht ausnehmen. Kopf und Schwanz abschneiden. Fisch waschen. Entlang der Mittelgräte halbieren. Mittelgräte entfernen und kleine Gräten rausnehmen. Fisch häuten. In vier Stücke schneiden.
Feuerfeste Form mit etwas Butter einfetten. Schalotten oder Zwiebeln schälen und fein hacken. In die Form streuen. Hechtstücke reinlegen. Mit abgetropften Sardellenfilets belegen. Restliche Butter zerlassen und drüberträufeln. Schwach salzen, reichlich pfeffern. Weißwein zugießen. Form zugedeckt in den vorgeheizten Ofen auf die mittlere Schiene stellen.
30 Minuten bei 200 Grad garen. Kerbel abspülen, abtropfen lassen und fein hacken. Käse und Semmelbrösel mischen. Form aus dem Ofen nehmen. Anschließend den Fisch zuerst mit dem fein gehackten Kerbel, dann mit der Brösel-Mischung bestreuen. 3 Minuten übergrillen. Oder 5 Minuten bei 240 Grad in den Ofen auf die obere Schiene stellen. Rausnehmen. Sofort in der Form servieren.
Beilagen: Kopfsalat und Salzkartoffeln.
PS: Genauso können Sie Schüsselkarpfen zubereiten. Zum Überbacken nur zusätzlich 1 gestrichenen Teelöffel Paprika edelsüß unter Käse und Brösel mischen. Aber bitte aufpassen, das bräunt schneller.

Schüsselhecht schmeckt auch sehr delikat, wenn Sie das Gericht nicht nur mit Kerbel würzen, sondern zusätzlich mit Petersilie, Schnittlauch und Estragon.

Zutaten für 4 Personen

1 Hecht von 1,3 kg
30 g Butter
4 Schalotten oder
2 Zwiebeln
1 kleine Dose Sardellenfilets (25 g)
Salz
weißer Pfeffer
1/8 l herber Weißwein
1/2 Bund Kerbel
2 gehäufte Eßlöffel geriebener Emmentaler Käse
1 Eßlöffel Semmelbrösel

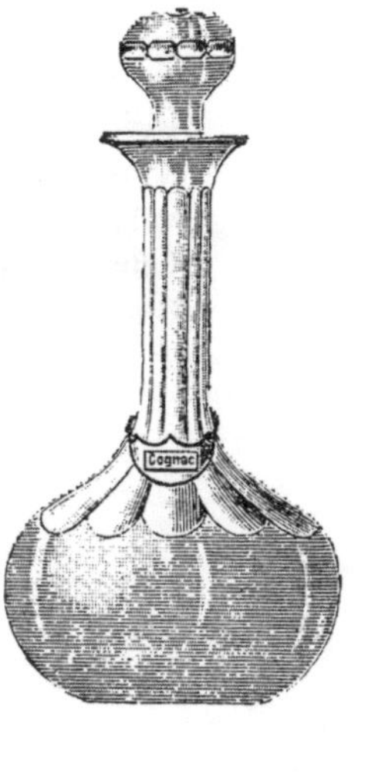

Steinbeißer Berliner Art

Zutaten für 4 Personen

800 g Steinbeißerfilet
Saft einer Zitrone
Für die Fleurons:
1/2 Paket tiefgekühlter Blätterteig
Mehl zum Ausrollen
1 Eigelb zum Bestreichen
Außerdem:
250 g Spargelspitzen
1 Dose Morcheln (400 g)
1 Dose Krebsfleisch (165 g)
Salz
50 g Butter
1 Glas Weißwein
Für die Weinsoße:
6 Eßlöffel heiße Fleischbrühe aus Würfeln
1 Glas Weißwein
2 Eigelb
1 Eßlöffel Speisestärke
1/8 l Sahne
Salz
weißer Pfeffer
1 Prise Zucker
50 g Krebsbutter (fertig gekauft)

Fischfilet unter fließendem kaltem Wasser kurz abspülen. Mit Haushaltspapier trockentupfen. In 4 Portionen teilen. Mit Zitronensaft beträufeln. Zugedeckt beiseite stellen.
Für die Fleurons den nach Vorschrift aufgetauten Blätterteig auf der bemehlten Arbeitsfläche 3 mm dick ausrollen. 10 Halbmonde von 8 cm Länge und 3 cm Breite ausstechen. Ein Backblech mit kaltem Wasser abspülen. Blätterteighalbmonde darauflegen. Teigoberfläche vorsichtig mit verquirltem Eigelb bestreichen, damit die Ränder nicht mit Eigelb verkleben und der Teig in Schichten aufgehen kann. In den vorgeheizten Ofen auf die mittlere Schiene schieben. 15 Minuten bei 220 Grad backen. Das fertige Gebäck rausnehmen und warm halten.
In der Zwischenzeit den Spargel schälen und in 10–15 Minuten gar kochen. Morcheln unter fließendem Wasser gut abspülen und im heißen Wasserbad erwärmen. Das Krebsfleisch abtropfen lassen. Chitinstreifen entfernen. Krebsschwänze ganz lassen. Krebsfleisch im Wasserbad erhitzen. Fischfilets salzen. Butter in einem Topf erhitzen. Filets mit anhaftendem Zitronensaft reinlegen. Weißwein angießen. Bei schwacher Hitze 15 Minuten dünsten lassen. Dann mit einem Schaumlöffel rausnehmen. Auf einer vorgewärmten tiefen Platte anrichten. Zugedeckt warm stellen.
Für die Soße den Fischfond mit Fleischbrühe und Weißwein aufgießen und noch mal erhitzen. Eigelb, Speisestärke und Sahne in einem Becher verquirlen. In die Soße rühren und aufkochen

lassen. Vom Herd nehmen. Die Soße mit Salz, Pfeffer und Zucker abschmecken. Zum Schluß die Krebsbutter unterschlagen. Spargelspitzen und Morcheln abtropfen lassen. Beides auf der Fischplatte anrichten. Die Krebsschwänze und das Krebsfleisch als Garnierung drauflegen. Alles mit heißer Soße überziehen. Die Platte mit Fleurons umlegen. Sofort servieren.

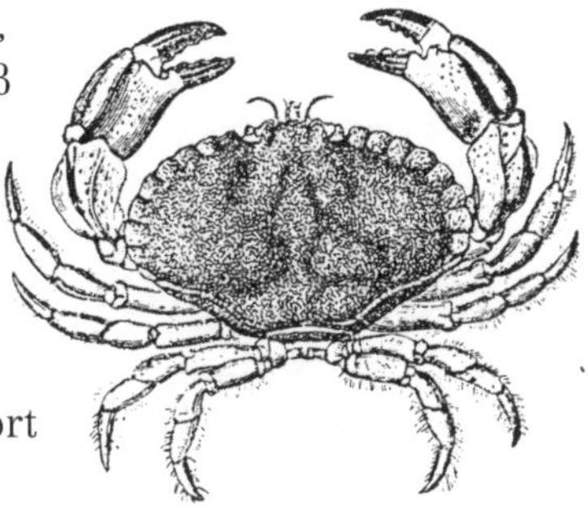

Havelzander gebraten

Zanderfilets abspülen, trockentupfen. Auf eine Platte legen, mit Zitronensaft beträufeln. Mehl und Salz mischen. Filets darin wenden. Salbeiblätter abspülen, trockentupfen und hacken. Mit den verquirlten Eiern in einer Schüssel mischen.

Filets auch darin wenden. Butter in einer Pfanne erhitzen. Filets darin auf jeder Seite 4 Minuten braten. Auf einer vorgewärmten Platte servieren. Beilage: Kartoffelsalat.

Zutaten für 4 Personen

4 Zanderfilets von je 200 g
Saft einer Zitrone
2 Eßlöffel Mehl
Salz

Schleie in Dillsoße

Zutaten für 4 Personen

4 Schleien von je 300 g
Saft einer Zitrone
Salz
1 Eßlöffel Öl
1 Zwiebel
1/4 l Weißwein
Für die Soße:
1/8 l Sahne
1 Eigelb
20 g Speisestärke
Salz
weißer Pfeffer
1 Prise Zucker
30 g Butter
1 Bund Dill

Die Schleie liebt wie ihr Vetter, der Karpfen, langsam fließende oder stehende Gewässer mit morastigem Grund. Und die gibt es in und um Berlin reichlich.

Schleien an der Bauchseite aufschneiden und ausnehmen. Fische schuppen. Flossen abschneiden. Unter kaltem Wasser abspülen. Trockentupfen und auf eine Platte legen. Innen und außen mit Zitronensaft beträufeln. 15 Minuten ziehen lassen. Dann innen salzen.
Eine rechteckige feuerfeste Form mit Öl einfetten. Zwiebel schälen und würfeln. In die Form geben. Weißwein drübergießen. Fische in die Form legen. Form in den vorgeheizten Ofen auf die mittlere Schiene stellen. 20 Minuten bei 200 Grad dünsten. Fische vorsichtig aus der Form nehmen. Auf einer Platte anrichten und warm stellen. Für die Soße Fischsud durchsieben und mit Wasser zu 3/8 l auffüllen. In einen Topf gießen und aufkochen. Sahne, Eigelb und Speisestärke in einer Tasse verquirlen. In den Sud rühren. Soße einmal aufkochen. Topf vom Herd nehmen. Soße mit Salz, Pfeffer und Zucker abschmecken. Butter darin zergehen lassen. Gewaschenen, trockengetupften und fein geschnittenen Dill in die Soße rühren. Einen Teil der Soße über die Schleien gießen, den Rest gesondert reichen.

Karpfen blau

Karpfen gehört nicht nur in Berlin zu den traditionellen Weihnachts- und Silvester-Festessen. Auf dem Markt ist er allerdings schon von Mitte September bis Mitte April. Danach ist Schonzeit für Karpfen.

Zutaten für 4 Personen

1 Karpfen von 1,5 kg
Salz
1/8 l Essig
1/8 l Weißwein
3/8 l Wasser
1 Zwiebel
1 Lorbeerblatt
3 Pfefferkörner
1/2 Zitrone
40 g Butter
Für die Garnierung:
8 Salatblätter
1 Tomate
1/2 Zitrone
1 Eßlöffel Meerrettich aus dem Glas

Karpfen mit einem scharfen Messer an der Bauchseite aufschneiden. Ausnehmen. Unter kaltem Wasser vorsichtig abspülen, damit die Schleimschicht nicht verletzt wird. Innen trockentupfen und salzen. Nicht schuppen! Fisch in eine Schüssel geben. Essig bis zum Siedepunkt erhitzen. Über den Fisch gießen. 10 Minuten in Zugluft stellen. Dann auf eine Platte legen, Essig aufbewahren. Wein, Wasser und den Essig in einem Bräter erhitzen. Zwiebel schälen, halbieren. Mit dem Lorbeerblatt, den Pfefferkörnern und dem Zitronenstück in den Sud geben. Karpfen reinlegen und 20 Minuten bei niedrigster Hitze ziehen lassen. Mit zwei Schaumlöffeln rausnehmen, abtropfen lassen und auf einer vorgewärmten Platte anrichten.
Butter in einem Topf zerlassen und getrennt reichen. Salatblätter und Tomate abspülen. Abtropfen lassen. Tomate in Scheiben schneiden. Karpfen damit garnieren. Zitronenhälfte mit Meerrettich füllen. Auf die Platte legen. Sofort servieren.

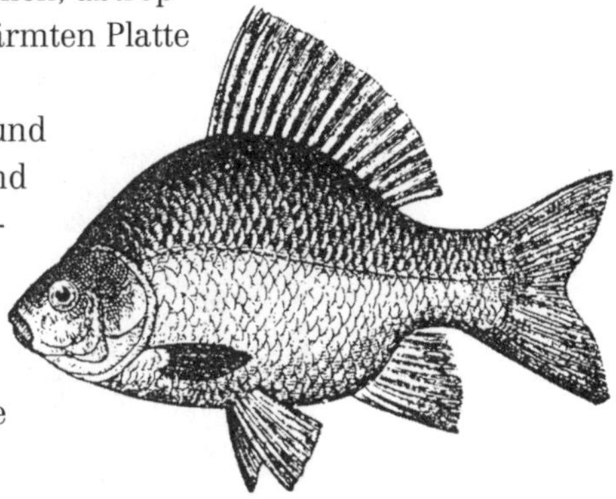

Kuchen und Nachspeisen

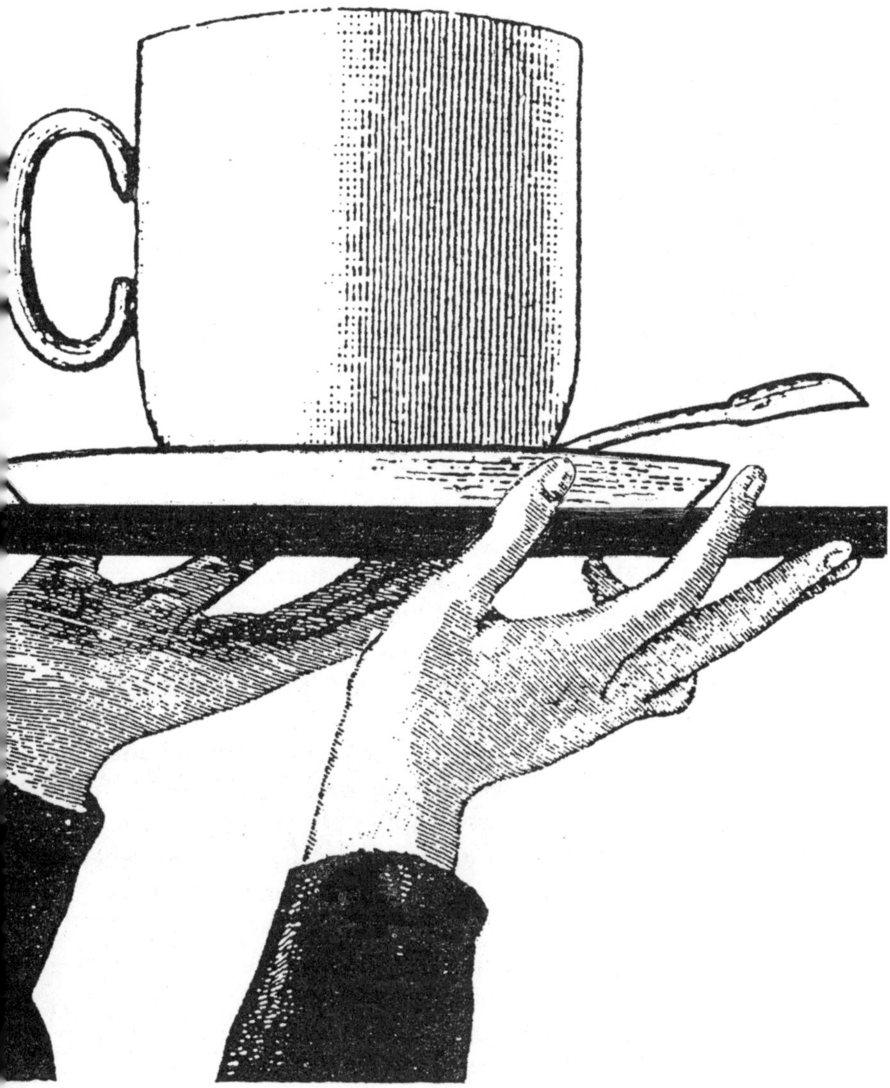

Berliner Pfannkuchen

Zutaten

500 g Mehl
40 g Hefe
1 Teelöffel Zucker
gut 1/8 l warme Milch
40 g Zucker
2 Eßlöffel Öl
2 Eigelb
1 gestrichener Teelöffel Salz
2 Eßlöffel Rum
Für die Füllung:
Marmelade oder Pflaumenmus
Schmalz oder Öl zum Fritieren
Zucker oder Puderzucker zum Bestreuen

Wenn die anderen Pfannkuchen sagen, meinen sie in Pfannen gebratenen Teig. Die Berliner meinen das, was die anderen Berliner nennen. Genau sind Berliner oder Berliner Pfannkuchen mit Marmelade gefüllte Hefeballen. Was immer Sie dazu sagen (Kreppel sagen sie in Hessen), das Gebäck schmeckt eigentlich jedem. Und man kann's überall in den Konditoreien kaufen. Im Rheinland und in Hessen vor allem in der Fastnachtszeit. Aber man kann Berliner Pfannkuchen auch mal zwischendurch backen. Wollen Sie sie mal versuchen? So macht man sie:

Mehl in eine Schüssel sieben. In die Mitte eine Mulde drücken, Hefe reinbröckeln, Zucker drüberstreuen. Mit etwas Milch verrühren. Mehl drüberstäuben. Schüssel mit einem Tuch bedecken.
15 Minuten gehen lassen. Restliche Milch, Zucker, Öl, Eigelb, Salz und Rum reingeben. So lange kneten, bis sich der Teig vom Schüsselrand löst. Schüssel mit einem Tuch bedecken und den Teig nochmal 20 Minuten gehen lassen.
Dann den Teig gut daumendick ausrollen. Runde Plätzchen von etwa 8 cm Durchmesser ausstechen. Jeweils in die Mitte einen Teelöffel Marmelade geben. Teig über die Marmelade zusammenziehen. Teigränder bitte fest zusammendrücken. Berliner Pfannkuchen mit der Nahtstelle nach unten auf ein gefettetes Backblech legen. Nochmal gut 15 Minuten gehen lassen.
Schmalz oder Öl auf 175 Grad (mit dem Fritier-Thermometer messen) erhitzen. Dann aufgegan-

gene Pfannkuchen mit der glatten Seite zuerst in heißes Fett geben. Im zugedeckten Topf 2 bis 3 Minuten backen. Deckel abnehmen, Pfannkuchen wenden und noch 3 Minuten im offenen Topf backen. Rausnehmen, abtropfen lassen. In Zucker wenden oder mit Puderzucker bestäuben. Berliner sind richtig, wenn sie einen weißen Rand haben.

Berliner Napfkuchen

150 g Mehl, Hefe und Milch verrühren. Zugedeckt an einem warmen Ort 15 Minuten gehen lassen. In der Zwischenzeit Butter, Zucker und Eier schaumig schlagen. Weitere 150 g Mehl und abgeriebene Zitronenschale reingeben. Den aufgegangenen Hefeteig zugeben und die Masse so lange schlagen, bis sie glatt ist. Gewaschene Korinthen und Sultaninen reingeben. Auch das Zitronat und das Mandelaroma, falls Sie keine bitteren Mandeln verwenden.
Eine Napfkuchenform einfetten. Bittere Mandeln sehr fein hacken und die Form damit ausstreuen. Teig reinfüllen und aufgehen lassen. In den vorgeheizten Ofen schieben. 45–55 Minuten bei 200 Grad backen.
Herd ausstellen. Napfkuchen noch einige Minuten nachbacken lassen. Nach dem Erkalten in 16 Stücke schneiden.

Zutaten

150 g Mehl
15 g Hefe
1 Tasse warme Milch
150 g Butter
75 g Zucker
3 Eier
150 g Mehl
abgeriebene Schale einer Zitrone
50 g Korinthen
50 g Sultaninen
30 g gewürfeltes Zitronat
Margarine zum Einfetten
5 bittere Mandeln oder einige Tropfen Bittermandelaroma

Käsekuchen Berliner Art

Zutaten

Für den Teig:
150 g Mehl
3 Eigelb
120 g Zucker
1 Prise Salz
100 g Butter oder Margarine
Für die Käsemasse:
75 g Korinthen
2 Glas (je 2 cl) Rum
500 g Speisequark
100 g Butter
100 g Zucker
abgeriebene Schale einer Zitrone
4 Eier
Mehl zum Bestäuben und Ausrollen

Dieser Käsekuchen ist am Bodensee nicht weniger beliebt und geschätzt als in Berlin.

Für den Teig Mehl auf ein Backbrett geben. In die Mitte eine Mulde drücken, Eigelb reingeben. Zucker und Salz auf den Mehlrand streuen. Butter oder Margarine in Flöckchen draufsetzen. Mit einem Teigmesser oder einem großen Küchenmesser alle Zutaten hacken und mischen. Dann mit kühlen Händen schnell einen geschmeidigen Teig kneten. Teig zu einer Kugel formen und zugedeckt 30 Minuten in den Kühlschrank stellen.
Während der Kühlzeit die Käsemasse zubereiten. Dazu Korinthen in einem Sieb gründlich abspülen. Gut abtropfen lassen und in einer Schüssel mit Rum quellen lassen. Quark durch ein Sieb in eine Schüssel streichen. Butter in Flöckchen dazu. Zucker und Zitronenschale drüberstreuen. So lange rühren, bis die Butter vollständig untergemischt ist. Dann die Eier dazugeben und weiterrühren, bis eine cremige Masse entsteht. Korinthen abtropfen lassen und ganz trockentupfen. Mit etwas Mehl bestäuben und mit dem Rum in die Käsemasse geben.
Mürbeteig auf dem bemehlten Backbrett rund ausrollen und eine Springform (Durchmesser 26 cm) damit auslegen. Teig am Rand etwas hochziehen. Käsemasse einfüllen. Form auf die unterste Schiene in den vorgeheizten Ofen stellen. 70 Minuten bei 180 Grad backen.
Kuchen aus dem Ofen nehmen. Springform öffnen. Kuchen auf einem Kuchendraht abkühlen lassen.

Brandenburgische Brötchen

Die Brandenburgischen Brötchen sind ein Gebäckknüller. Sie schmecken zu Kaffee, Tee und Sekt.

Zutaten für 20 Stück

4 hartgekochte Eigelb
50 g Zucker
1 Prise Salz
1 Messerspitze Zimt
abgeriebene Schale einer halben Zitrone
125 g Mehl
90 g Butter
eventuell 1/2 Eigelb
2 Eiweiß
25 g Zucker
1/2 Tüte Mandelstifte

Hartgekochtes Eigelb durch ein Sieb streichen. Mit Zucker, Salz, Zimt und der geriebenen Zitronenschale glattrühren. Mehl und die in Flöckchen geschnittene eiskalte Butter reinkneten. Wenn der Teig sehr fest ist, noch ein halbes Eigelb zugeben. Teig 30 Minuten kalt stellen. Dann auf einem leicht bemehlten Backbrett ungefähr 1/2 cm dick ausrollen. Mit einem Wasserglas kleine Scheiben ausstechen.
Eiweiß zu steifem Schnee schlagen und dann den Zucker reinrühren. Masse auf die Mitte der Plätzchen geben. Mandelstifte in den Schneeberg stecken. Aufs nicht gefettete Backblech setzen. In den vorgeheizten Ofen schieben. 20 Minuten bei 175–195 Grad backen.

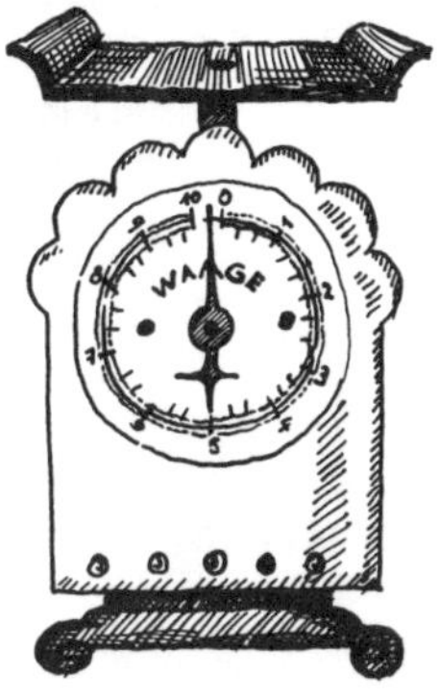

Streuselkuchen

Zutaten

Für den Teig:
500 g Mehl
30 g Hefe
1/4 l lauwarme Milch
75 g Zucker
100 g Butter oder Margarine
1 Prise Salz
abgeriebene Schale einer halben Zitrone
Margarine zum Einfetten
Für die Streusel:
200 g Butter
200 g Zucker
1 Prise Salz
1/2 Teelöffel Zimt
300 g Mehl

Seit jeher gehören Streuselkuchen und Bienenstich auf die sonn- und festtägliche Kaffeetafel in Sachsen und Schlesien. Und ebenso lange streiten sich die Gelehrten, welches Land der Urheber dieser saftigen Kuchen ist. Die Berliner haben den Streit für sich entschieden und meinen echten Streuselkuchen gibt es nur an der Spree. Aber den Spree-Streusel haben vermutlich schlesische Bäcker in die frühere Metropole gebracht. Doch wie dem auch sei: Heute wird Streuselkuchen überall in Deutschland gerne gegessen.

Für den Teig Mehl in eine Schüssel geben. In die Mitte eine Mulde drücken. Hefe reinbröckeln. Mit 4 Eßlöffel lauwarmer Milch, 1 Teelöffel Zucker und etwas Mehl vom Rand zu einem Vorteig verrühren. 15 Minuten zugedeckt an einem warmen Ort aufgehen lassen.
Restliche Milch und Zucker, Butter oder Margarine in Flöckchen, Salz und Zitronenschale in die Schüssel geben. Zuerst verrühren, dann zu einem glatten Teig kneten. Teig so lange schlagen, bis er sich vom Schüsselboden löst. Teig mit etwas Mehl bestäuben und zugedeckt 30 Minuten gehen lassen. Backblech mit Margarine einfetten. Teig draufgeben, ausrollen.
In der Zwischenzeit für die Streusel Butter in Flöckchen in eine Schüssel geben. Zucker, Salz, Zimt und Mehl mischen und über die Butterflöckchen streuen. Mit den Händen zu einem glatten Teig kneten. Dann mit zwei Gabeln schnell zu groben Streuseln zerkrümeln.

Streusel gleichmäßig auf dem Hefeteig verteilen. Teig noch einmal 15 Minuten gehen lassen. Auf die mittlere Schiene in den vorgeheizten Ofen stellen. 25 Minuten bei 220 Grad backen.
Blech aus dem Ofen nehmen. Kuchen auf dem Blech in 25 Stücke schneiden.

Berliner Brot

Eier und Wasser schaumig schlagen. Eßlöffelweise Farinzucker reingeben. So lange schlagen, bis die Masse cremig ist. Nach und nach Apfelkraut, Gewürze, Schokolade, das mit dem Backpulver gemischte Mehl, Mandeln und Zitronat unterrühren. Backblech fetten. Teig 1/2 cm dick draufstreichen. In den vorgeheizten Ofen schieben. 15 bis 20 Minuten bei 200–225 Grad backen.
Für den Guß bitte den Puderzucker sieben und ihn mit Wasser dickflüssig rühren. Heißes Gebäck damit bestreichen. Dann in rechteckige Schnitten von 2 × 5 cm schneiden.
PS: Ein Rezept, das Sie unbedingt in Ihr Plätzchen-Repertoire aufnehmen sollten.

Zutaten

Für den Teig:
2 Eier
2 Eßlöffel warmes Wasser
250 g Farinzucker
65 g Apfelkraut
1 Fläschchen Rum-Aroma
1 Messerspitze gemahlener Nelkenpfeffer
1 schwach gehäufter Eßlöffel gemahlener Zimt
65 g geriebene Schokolade
250 g Mehl
1 gestrichener Teelöffel Backpulver
125 g gehackte Mandeln
35 g Zitronat
Für den Guß:
100 g Puderzucker
1 bis 2 Eßlöffel heißes Wasser

Klemmkuchen

Zutaten

125 g Butter
1 Eßlöffel Zucker
4 Eigelb
250 g Mehl
1/4 l Milch
1 Prise Salz
abgeriebene Schale einer halben Zitrone
4 Eiweiß
eventuell Öl
Für die Garnierung:
Puderzucker oder geriebener Schweizer Käse
Erdbeer-, Kirsch- oder Aprikosenmarmelade

Klemmkuchen sind feine Rührteigwaffeln, die ihren Namen wegen ihrer „eingeklemmten" Zubereitungsweise erhalten haben. Mit diesen Waffeln können Sie Ihrer Familie sicherlich eine Freude machen. Zumal Sie ohne großen Arbeitsaufwand jede Geschmacksrichtung berücksichtigen können. Wer sie süß nicht mag, bekommt sie mit geriebenem Käse. Dafür den Teig ohne Zucker zubereiten.

Butter mit Zucker und Eigelb schaumig rühren. Abwechselnd Mehl und Milch zugeben. Mit Salz und abgeriebener Zitronenschale würzen. Eiweiß steif schlagen. Unterheben.
Waffeleisen gut heiß werden lassen. Nur beim ersten Gebrauch mit Öl leicht einfetten. Teig löffelweise darin backen. Heiß servieren. Nach Wahl die Waffeln dann mit Puderzucker bestäubt, mit geriebenem Käse bestreut oder mit Marmelade bestrichen servieren.

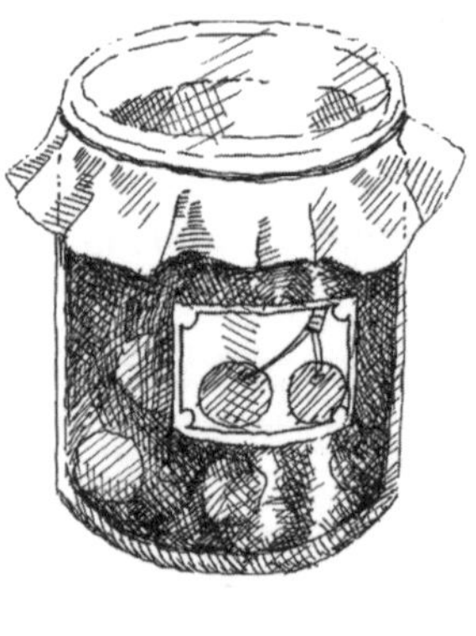

Eberswalder Spritzkuchen

Für den Teig das Wasser mit der Butter und dem Salz in einem Topf aufkochen und das Mehl auf einmal in die kochende Flüssigkeit schütten. Bei schwacher Hitze rühren, bis sich der Teigkloß vom Topfboden löst. Vom Herd nehmen und unter Rühren ein Ei nach dem anderen hinzufügen. Den Brandteig in einen Spritzbeutel mit breiter Tülle oder in eine große Spritztülle füllen. Das Ausbackfett auf 180 Grad erhitzen. Von dem Teig auf ein gefettetes Pergamentpapier Ringe spritzen und diese sofort, mit der Oberseite nach unten, vorsichtig mit dem Papier in das heiße Fett geben. Wenn die Teigringe sich vom Papier gelöst haben, dieses herausnehmen und die Spritzkuchen von beiden Seiten goldgelb backen. Mit einem Schaumlöffel aus dem Fett nehmen und auf Küchenpapier abtropfen lassen.
Für den Guß den gesiebten Puderzucker mit Rum und Wasser so lange verrühren, bis der Guß glatt und glänzend ist. Die Spritzkuchen sofort mit dem Guß überziehen.

Zutaten für 12 Stück

Für den Teig:
1/4 l Wasser
50 g Butter
1 Prise Salz
150 g Weizenmehl
4–5 Eier
Für den Guß:
150 g Puderzucker
1 Eßlöffel Rum
1–2 Eßlöffel Wasser
Außerdem:
Fett zum Ausbacken

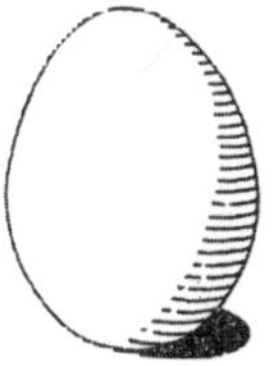

Berliner Stolle

Zutaten

500 g Mehl
35 g Hefe
1/8 l lauwarme Milch
1 Teelöffel Zucker
100 g Zucker
1 Prise Salz
125 g Butter
2 Eier
125 g Korinthen
125 g Sultaninen
30 g Zitronat
30 g Orangeat
5 geriebene bittere Mandeln
Abgeriebenes einer Zitrone
50 g Butter
80 g Puderzucker

Die Berliner Stolle ist zwar verwandt mit den übrigen Stollen, die man bei uns zu Weihnachten backt. Aber sie hat einen wesentlich geringeren Fettanteil und ist daher besser verträglich.

Mehl in eine Schüssel sieben. In die Mitte eine Mulde drücken. Hefe reinbröckeln. Mit etwas Milch und dem Teelöffel Zucker verrühren. Mehl vom Rand drüberstäuben. Schüssel mit einem Tuch zudecken und den Vorteig 15 Minuten gehen lassen. Zucker, Salz, Butter und Eier in den Teig kneten. 30 bis 40 Minuten gehen lassen. Dann kommen Korinthen, Sultaninen, Zitronat, Orangeat, Bittermandeln und abgeriebene Zitronenschale rein. Nur leicht durchkneten, sonst wird der Teig braun und unansehnlich.
Jetzt wird die Stolle geformt: In der Mitte der Länge nach eine Mulde eindrücken. Rechte Seite über die linke schlagen und nach innen einrollen. Auf ein mit Mehl bestäubtes Blech legen. Noch 15 Minuten gehen lassen. In den heißen Ofen schieben. Etwa 50 Minuten bei 200 Grad backen. Stolle noch heiß mit Butter bestreichen. Puderzucker dick drüberstreuen.

Amerikaner

Es heißt, die Berliner haben dieses köstliche Gebäck erfunden. Wie es zu seinem Namen gekommen ist, liegt leider im dunkeln. Jedenfalls sind Amerikaner das richtige Gebäck, wenn Sie Ihren Kindern oder auch den erwachsenen Süßschnäbeln in der Familie eine Freude machen wollen.

Margarine schaumig rühren. Nach und nach Zucker, Vanillinzucker, Eier, Salz und mit Milch angerührtes Puddingpulver dazugeben. Masse gut schlagen. Mehl und Backpulver mischen und reinrühren. Der Teig muß fest sein. Falls er nicht fest genug ist, noch etwas Mehl dazugeben. Backblech fetten. Mit dem Eßlöffel große Portionen von etwa fünf cm Durchmesser aufs Blech setzen. 15 bis 20 Minuten bei 190 Grad backen. Nach 10 Minuten die Oberfläche mit Milch bestreichen.

Amerikaner kalt werden lassen. Für den Guß: Puderzucker mit etwas heißem Wasser dickflüssig und glattrühren. Die Hälfte mit Kakao würzen. Unterseite des Gebäcks mit Guß bestreichen.

Zutaten

Für den Teig:
100 g Margarine
100 g Zucker
1 Päckchen Vanillinzucker
2 Eier
1 Prise Salz
3 Eßlöffel Milch
1 Päckchen Vanillepudding-pulver
250 g Mehl
3 gestrichene Teelöffel Backpulver
Milch zum Bestreichen
Für den Guß:
100 g Puderzucker
heißes Wasser
1 Teelöffel Kakao

Baumkuchenspitzen

Zutaten für 50 Stück

Für den Teig:
250 g Butter oder Margarine
200 g Zucker
2 Päckchen Vanillinzucker
5 Eier
125 g Mehl
75 g Speisestärke
100 g gemahlene Mandeln
je 1 Messerspitze gemahlener Kardamom und Zimt
1 Eßlöffel Rosenwasser
1 Eßlöffel Rum
Margarine zum Einfetten
Für den Guß:
200 g Kuvertüre

Der Baumkuchen ist, entgegen vieler Behauptungen, nicht in Berlin erfunden worden. Der Baumkuchen, von unseren Vorfahren auch „Stangenkuchen", „Spießkuchen" oder „Prügel" genannt, ist eins der ältesten bekannten Gebäcke. Im alten Griechenland wurde schon Brot an Stangen über offenem Feuer gebacken – allerdings in scheußlicher Qualität und nicht zu vergleichen mit den späteren zarten Gebilden. Tatsächlich haben Berliner, Magdeburger und vor allem Salzwedeler Konditoren vor etwa 200 Jahren dem Baumkuchen den letzten Schliff gegeben. Der Dichter Fontane und Reichskanzler von Bismarck waren von ihm begeistert. Der bekannte Hoflieferant Jädicke soll als erster aus dem Baumkuchen die Baumkuchenspitzen geschnitten haben. Einen ganzen, großen Baumkuchen zu backen ist schwer, Baumkuchenspitzen aber können Sie auch in Ihrer Privatkonditorei herstellen.

Fett schaumig rühren. Nach und nach Zucker, Vanillinzucker und Eier einrühren. So lange rühren, bis der Zucker gelöst ist. Mehl, Speisestärke und Mandeln mischen. Löffelweise unter die Masse geben. Gewürze, Rosenwasser und Rum druntermischen.
Ein Backblech mit Alufolie auskleiden. Folie am unteren Rand hochfalzen, damit der Teig nicht herunterläuft. Folie einfetten. Mit einem Teigschaber eine hauchdünne Schicht Teig draufstreichen. Blech in den vorgeheizten Ofen auf die mittlere Schiene schieben. 3 Minuten bei 200 Grad backen

Blech aus dem Ofen nehmen. Die zweite Teigschicht hauchdünn auf die schon abgebackene Schicht streichen. Wieder in den Ofen schieben. So fortfahren, bis der ganze Teig verbraucht ist. Nach der dritten Schicht schalten Sie besser nur Oberhitze (oder Grill) ein. Mindestens 6 bis 8 Schichten sollen gebacken werden.
Blech aus dem Ofen nehmen. Kuchen vorsichtig stürzen, Folie abziehen. Teigplatte noch warm in 3 cm breite Streifen und in Dreiecke schneiden. Etwa 10 Minuten auf dem Blech abkühlen lassen. Inzwischen die Kuvertüre im Wasserbad schmelzen lassen. Dreiecke vorsichtig mit Hilfe einer Gabel mit der Kuvertüre überziehen und auf einem Kuchendraht trocknen lassen. Die Spitzen behutsam bewegen, weil sie leicht zerbrechen.

Baumkuchenspitzen sind in einer verschlossenen Dose einige Wochen haltbar.

Alt-Berliner Stachelbeertorte

Zutaten

Für den Teig:
3 Eiweiß
3 Eßlöffel kaltes Wasser
150 g Zucker
1 Päckchen Vanillinzucker
3 Eigelb
je 60 g Speisestärke und Mehl
1 gestrichener Teelöffel Backpulver
Butter oder Margarine zum Einfetten
Für den Belag:
750 g Stachelbeeren
Wasser
250 g Zucker
1 Stück Zitronenschale
3 Eßlöffel Semmelbrösel
Für die Garnierung:
1/8 l Sahne
80 g Zucker
50 g blättrige Mandeln

Eiweiß und Wasser in einer Schüssel sehr steif schlagen. Zucker und Vanillinzucker einrieseln lassen und unterschlagen. Das verquirlte Eigelb langsam drunterziehen. Speisestärke, Mehl und Backpulver mischen und locker unterheben.
Eine Tortenbodenform mit Rippenrand von 30 cm Durchmesser einfetten. Teig reinfüllen und glattstreichen. Form in den vorgeheizten Ofen auf die mittlere Schiene schieben. 15 Minuten bei 200 Grad backen.
In der Zwischenzeit die Stachelbeeren waschen, Blüten- und Stielansatz abschneiden. Wasser, Zucker und Zitronenschale in einem Topf aufkochen und 5 Minuten einkochen lassen. Stachelbeeren reingeben. Bei schwacher Hitze in 15 Minuten gar ziehen, nicht kochen lassen, sonst platzen die Beeren. Stachelbeeren mit dem Schaumlöffel aus dem Zuckersirup nehmen. Beiseite stellen. Tortenboden aus dem Ofen nehmen und aus der Form lösen. Erkalten lassen. Semmelbrösel auf den Tortenboden streuen. Stachelbeeren drüber verteilen. Zuckersirup noch mal 5 Minuten einkochen lassen. Über die Stachelbeeren gießen. Erkalten lassen.
Für die Garnierung Sahne steif schlagen. Zucker einrieseln lassen. Sahne in einen Spritzbeutel füllen und Sahnetupfer auf die Torte setzen. Den Rand mit Mandeln garnieren. In 16 Stücke schneiden.

Berliner Schusterjungen

Berliner Schusterjungen gehören zur Sippe der Brötchen aus mehr Roggen- als Weizenmehl. Am allerbesten schmecken sie, so schwören die Berliner, mit Gänseschmalz bestrichen und mit ziemlich viel Harzer Käse belegt.

Zutaten

400 g Roggenmehl
200 g Weizenmehl
30 g Hefe
3/8 l lauwarmes Wasser
1 Teelöffel Zucker
1 kräftige Prise Salz

Mehl mischen und in eine Schüssel sieben. In die Mitte eine Mulde drücken. Hefe reinbröckeln. Mit etwas Wasser und Zucker zum Vorteig verrühren. Mehl drüberstäuben. Tuch über die Schüssel decken und gehen lassen, bis der Teig doppelt so hoch ist. Das dauert etwa 15 Minuten. Jetzt kommt das restliche Wasser rein. Salz drüberstreuen. Teig schlagen, bis er geschmeidig ist und sich vom Schüsselrand löst. Ballen formen. Mit der Hand leicht flachdrücken und auf ein bemehltes Backblech setzen. Nochmal gehen lassen. Mit Mehl bestäuben. In den heißen Ofen schieben. Etwa 25 Minuten bei 220 Grad backen.

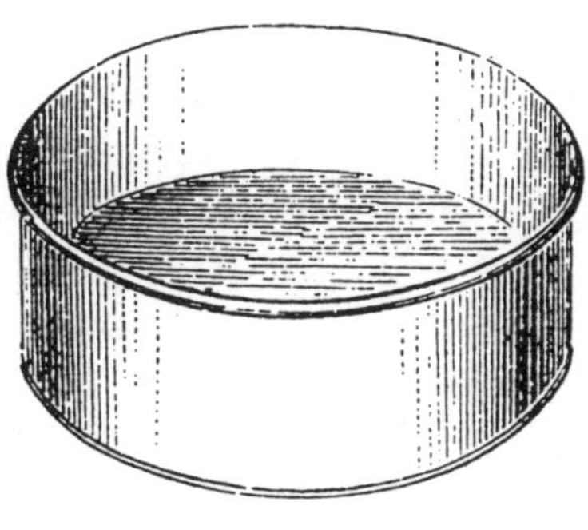

Berliner Salzkuchen

Zutaten

500 g Roggenmehl
1 1/2 Päckchen Backpulver
1 Teelöffel Salz
1 Teelöffel Kümmel
1/2 l Weißbier
Mehl zum Bestreuen
je 1 Teelöffel Salz und Kümmel
Margarine zum Einfetten

Salzkuchen werden nicht nur mit Bier zubereitet, sondern auch zum Bier gegessen.

Mehl mit Backpulver und Gewürzen mischen, mit Bier zu einem glatten Teig verarbeiten. Daraus 20 runde Brötchen formen, in Mehl wenden, mit Salz und Kümmel bestreuen und auf ein gefettetes Backblech legen. In den vorgeheizten Ofen auf die mittlere Schiene schieben. 35 Minuten bei 200 Grad backen.

Berliner Luft

Zutaten für 4 Personen

4 Eier
125 g Zucker
40 g Speisestärke
1/8 l Weißwein
Saft einer halben Zitrone
1/4 l Sahne
1 Likörglas Weinbrand

Eier, Zucker, Speisestärke, Wein und Zitronensaft in einen Topf geben. Auf dem Herd bei kleiner Flamme schlagen, bis die Masse steif ist. Kurz vorm Kochen vom Herd nehmen. Abkühlen lassen. Zwischendurch mal umrühren, damit sich keine Haut bildet. Sahne steif schlagen und mit dem Weinbrand locker unter die kalte Creme heben. Aus dem Kühlschrank kalt servieren. Wann reichen? Berliner Luft ist ein feines Dessert, das vielleicht zum nächsten Sonntagsessen paßt.

Fürst-Pückler-Eis

Fürst-Pückler-Eis, wohl das bekannteste Eis überhaupt, wurde dem Gartenbaukünstler und Feinschmecker Hermann Fürst von Pückler-Muskau gewidmet, der unter anderem durch seine Reiseberichte populär wurde. Diese rot-weiß-schwarze Eis-Kombination erfand der Konditormeister Schulz aus der Lausitz, ein Bewunderer des Fürsten.

Zutaten für 10 Personen

150 g Erdbeeren
50 g Zucker
50 g Makronen
2 Glas (je 2 cl) Maraschino
1 l Sahne
50 g Zucker
80 g geriebene Schokolade

Erdbeeren kurz in kaltem Wasser waschen. Entstielen und auf einem Sieb abtropfen. Mit einer Gabel oder im Mixer pürieren. Zuckern. Makronen in eine Schüssel bröckeln. Mit Maraschino tränken. Sahne in einem Topf schlagen. Zucker nach und nach einrieseln lassen. In drei Portionen teilen. Die erste mit dem Erdbeermark verrühren. In eine Eisform füllen. 10 Minuten ins Gefrierfach stellen.

Unter das zweite Sahnedrittel die getränkten Makronen heben. Auf das angefrorene Erdbeereis füllen. Wieder 10 Minuten ins Gefrierfach stellen. Darauf kommt die restliche, mit der geriebenen Schokolade vermischte Sahne. Jetzt noch etwa 45 bis 60 Minuten gefrieren lassen.

Vorm Gebrauch die Form kurz mit heißem Wasser überbrausen. Eis auf eine kalte Platte stürzen. In Scheiben schneiden. Sofort servieren.

Arme Ritter mit Apfelweinsoße

Zutaten für 4 Personen

Für die Soße:
3/8 l Apfelwein
1/8 l Wasser
65 g Zucker
2 Eßlöffel Speisestärke
3 Eigelb
3 Eiweiß
Für die Armen Ritter:
8 altbackene Brötchen
1 l heiße Milch
2 Eier
1 Eßlöffel Zucker
Salz
abgeriebene Schale einer halben Zitrone
1 Eßlöffel Zucker
1 Messerspitze gemahlener Zimt
100 g Margarine

Für die Soße Apfelwein mit Wasser und Zucker in einem Topf aufkochen. Speisestärke mit kaltem Wasser anrühren, zum Apfelwein gießen, unter Rühren aufkochen und auf kleiner Flamme in 3 Minuten dick werden lassen. Vom Herd nehmen. Eigelb in einer Tasse mit 4 Eßlöffel heißer Soße verquirlen, wieder in die Soße rühren. Eiweiß steif schlagen. Auch unter die Soße heben. Abkühlen lassen.
Die Brötchen rundum abreiben. Halbieren. Abgeriebene Semmelbrösel auf einem Teller beiseite stellen. Milch, Eier, Zucker, Salz und Zitronenschale in einer Schüssel verquirlen. Brötchen reingeben und 15 Minuten durchziehen lassen. Ab und zu wenden. Rausnehmen und abtropfen lassen. Zucker, Zimt und die Semmelbrösel mischen. Die Brötchen darin wenden.
Margarine in einer Pfanne erhitzen und die Armen Ritter darin rundherum in 5 Minuten goldbraun backen. Abtropfen lassen und mit der Soße servieren.

Anstelle der Soße können Sie auch Apfelmus oder Kompott dazu reichen.

Kirsch-Kaltschale mit Schneeklößchen

Kirschen in kaltem Wasser waschen, entstielen, abtropfen lassen und entsteinen. Mit Zucker, Wasser und Zitronenschale in einem Topf 10 Minuten kochen. Speisestärke mit Kirschwasser anrühren. Kirschen damit binden. Zugedeckt im Kühlschrank abkühlen lassen.

Für die Schneeklößchen in einem großen flachen Topf Wasser zum Kochen bringen. Währenddessen das gut gekühlte Eiweiß in einer Rührschüssel zu steifem Schnee schlagen, dabei nach und nach Zucker, Zitronensaft und -schale dazugeben. So lange schlagen, bis die Masse schnittfest und glänzend ist. Mit zwei Eßlöffeln Klößchen von der Eiweißmasse abstechen und in das leicht siedende Wasser setzen. Nach etwa 1 Minute mit einer Gabel vorsichtig wenden und die Klößchen nach einer weiteren halben Minute mit einem Schaumlöffel aus dem Wasser holen. Auf einem flachen Sieb abtropfen lassen.

Die Kirschkaltschale auf vier Teller verteilen und die Schneeklößchen daraufsetzen.

Zutaten für 4 Personen

500 g dunkle Süßkirschen
100 g Zucker
1/8 l Wasser
abgeriebene Schale einer Zitrone
2 Teelöffel Speisestärke
2 Glas (je 2 cl) Kirschwasser
Für die Schneeklößchen:
3 Eiweiß
30 g Zucker
1 Teelöffel Zitronensaft
1 Teelöffel abgeriebene Zitronenschale

Getränke

Potsdamer Punsch

Zutaten für 4 Personen

300 g Zucker
1/2 l Wasser
1 Flasche trockener Rheinwein
1/4 l Rum
Saft von einer Zitrone

Dieser Punsch erfreute sich am deutschen Kaiserhof bei feierlichen Anlässen großer Beliebtheit. Man kann ihn aber auch trinken, wenn der Anlaß alltäglich ist. Zum Beispiel an kalten Wintertagen. So macht man ihn:

Zucker und Wasser in einem Topf aufkochen. Sobald sich der Zucker aufgelöst hat, den Rheinwein dazugießen. Bis kurz vorm Siedepunkt erhitzen. Vom Herd nehmen. Rum in einem kleinen Topf erhitzen, vorsichtig mit einem Streichholz anzünden und zum Punsch geben. Nach 1 Minute den durchgesiebten Zitronensaft zufügen. Punsch im Winter heiß, im Sommer kalt servieren.

Berliner Pflanze

Zutaten für 1 Person

3 Eiswürfel
1 Likörglas Gin
1 Likörglas Madeira
1 Likörglas Orangensaft
1 Spritzer Angostura

Eis zerstoßen. In den Shaker geben. Gin, Madeira, Orangensaft und Angostura zugießen. Schütteln. Durch ein Barsieb in ein Cocktailglas seihen.

Kalte Ente

Dieses köstliche Getränk wurde seinerzeit als kaltes Ende eines Essens gereicht. Der Lauf der Zeit machte daraus dann eine Kalte Ente. Am besten schmeckt Kalte Ente, wie der Name schon sagt, sehr gut gekühlt. Sie sollten aber keine Eiswürfel in das Getränk geben, da sie den Originalgeschmack verfälschen.

Zutaten für 6 Personen

1 unbehandelte Zitrone
2 Flaschen Moselwein (je 0,7 l)
1 Flasche Sekt (0,75 l)

Zitrone spiralförmig sehr dünn schälen. Schale auf eine Gabel gesteckt ins Bowlengefäß hängen. Gut gekühlten Moselwein über die Zitronenschale ins Gefäß gießen. Zugedeckt 20 Minuten ziehen lassen. Kalten Sekt aufgießen. Zitronenschale rausnehmen, Kalte Ente sofort servieren.
PS: Mixen Sie doch auch mal eine Kalte Sherry-Ente. Dazu die Zitronenschale zuerst in das Bowlengefäß geben. 1/2 Flasche trockenen Sherry draufgießen. 20 Minuten ziehen lassen. 1 1/2 Flaschen gekühlten Moselwein aufgießen.

Berliner Weiße mit Schuß

So wird das traditionelle Getränk der Berliner gemischt, das Ihnen bestimmt schmecken wird.

Zutaten für 1 Person

2 Likörgläser Himbeersirup
1 Glas Weißbier

Himbeersirup in einen Berliner-Weiße-Kelch geben. Mit sehr kaltem Weißbier auffüllen. Umrühren und mit einem Strohhalm sofort servieren. Schmeckt prima.

Berliner Schloßpunsch

Zutaten für 4–6 Personen

400 g Zucker
1/2 l Wasser
1 Flasche Rheinwein
1/4 Flasche Rum
8 Stückchen Würfelzucker

Vorsicht, dieser Punsch hat's in sich. Eine ganze Menge Rum nämlich. Wer nicht gerade standfest ist, sollte nicht allzuviel davon trinken.

Zucker in Wasser auflösen. Aufkochen. Wein reingießen. Warmhalten, aber nicht mehr kochen. Rum erhitzen. Zucker darin eintauchen. Auf einen Löffel oder eine Feuerzange legen und über dem Punsch anzünden. Wenn der Zucker brennt, wird der Rum drübergegossen. Man läßt ihn brennend in den Punsch laufen. Der Punsch kann heiß und kalt serviert werden. Am besten schmeckt er allerdings, wenn er schön heiß ist.

Gurkenbowle

Zutaten für 6–8 Personen

1 frische grüne Salatgurke
1/2 Flasche Weißwein
4 cl Arrak
125 g Zucker
2 Flaschen Weißwein
1/8 l Portwein
1 Flasche gekühlter Sekt

Eine Bowle für Kenner. Sie schmeckt am besten an warmen Sommerabenden.

Die Gurke in dünne Scheiben schneiden, in einen Steintopf geben und mit dem halben Liter Weißwein, dem Arrak und dem Zucker 1 Stunde zugedeckt an einem kühlen Ort stehen lassen. Dann die andern beiden Flaschen Weißwein aufgießen, 1/2 Stunde zugedeckt im Kühlschrank ziehen lassen, die Gurkenscheiben abseihen und die Bowle in ein Steingutgefäß oder einen Krug füllen. Den Portwein hinzufügen, umrühren und kurz vor dem Servieren mit gekühltem Sekt auffüllen.

Hoppel-Poppel zum Trinken

Dieses Getränk werden Sie kaum an irgendeiner Bar bekommen, außer an Ihrer Hausbar. Denn das Rezept ist original – aus Großmutters Kochbuch. Schmeckt vorzüglich.

Zutaten für 4 Personen

4 Eigelb
6 Teelöffel Zucker
1/4 l Sahne
1/4 l Arrak
oder Bacardi
geriebene Muskatnuß

Eigelb in einem breiten Krug mit dem Zucker schaumig schlagen. Mit dem Schneebesen zuerst die gut gekühlte Sahne, dann Arrak oder Rum unterrühren. In vier hohe Saftgläser gießen. Über jedes Glas einen Hauch Muskatnuß reiben. Kalt servieren.
PS: Hoppel-Poppel können Sie auch als Heißgetränk sevieren. Dazu werden die Zutaten in einem Topf gemischt und im heißen Wasserbad schaumig geschlagen. Wer keine Muskatnuß mag, kann sie durch geriebene Zitronenschale ersetzen.

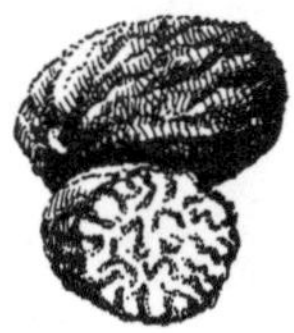

Berliner Bowle

Berliner Bowle schmeckt nicht nur in Berlin. Wollen Sie sie mal probieren? Sogar Männer, die oft Bowlengegner sind, mögen die Berliner Sorte.

Zutaten für 4 Personen

2 Flaschen Weißbier
Saft einer halben Zitrone
Zucker
1 Flasche Sekt

Bier mit Zitronensaft und Zucker mischen. Kalt stellen und 1 Stunde ziehen lassen. Umrühren. Mit Sekt auffüllen und servieren.

Mai-Bowle

Zutaten für 6 Personen

3 Stengel Maikraut (Waldmeister)
150 g Zucker
3 Flaschen Mosel- oder Rheinwein
1 Flasche Sekt

Alle Welt weiß, was eine Mai-Bowle ist. Aber nicht jeder weiß, wie man sie zubereitet. Und viele haben sie noch nie im Leben getrunken. Hier ist das Rezept, zu dem man natürlich Maikraut braucht, das mancherorts Waldmeister oder sogar Herzensfreund genannt wird. Es muß übrigens vor der Blüte verwendet werden.

Maikraut unter kaltem Wasser leicht abspülen. Untere Blätter entfernen. Stengel mit Haushaltsgarn zusammenbinden. Zucker ins Bowlengefäß geben. Eine Flasche Wein draufgießen. Umrühren, bis sich der Zucker gelöst hat. Die Zuckermenge können Sie übrigens nach Geschmack reduzieren. Kräuterbündel in den Wein hängen. Die Stielenden sollen mit dem Wein nicht in Berührung kommen. 20 Minuten zugedeckt ziehen lassen. Kräuterbündel entfernen. Restlichen gekühlten Wein dazugießen. Kurz vorm Servieren den eisgekühlten Sekt zugießen.
PS: Frischer Waldmeister ist nur in den Monaten April und Mai zu haben. Sie können aber auch Waldmeisterextrakt kaufen oder selbst herstellen. Dazu die jungen Blättchen des Waldmeisters mit Wein in eine Flasche füllen, diese verkorken und einige Wochen in der Sonne stehenlassen. Der Extrakt wird abgefüllt, in einem verschlossenen Glas aufbewahrt und nach Geschmack verwendet.

Sie können auch noch ein paar Orangenscheiben in die Bowle geben.

Selleriebowle

Eine so ausgefallene Gemüse-Bowle muß man einmal probiert haben. Wer den Selleriegeschmack weniger intensiv wünscht, sollte den Bowlen-Ansatz nur etwa zwei Stunden ziehen lassen. Vielleicht regt dieses interessante Bowlenrezept Sie ja an, auch einmal etwas ungewöhnliche Zutaten zu versuchen.

Zutaten für 8–10 Personen

2–3 Sellerieknollen
100 g Zucker
Saft von 2 Zitronen
1/4 l Arrak
2–2 1/2 l Weißwein
3/4 l Sekt

Sellerieknollen schälen, in sehr dünne Scheibchen schneiden und in eine Schüssel geben. Zucker, Zitronensaft und Arrak darübergeben. Zugedeckt 4 bis 6 Stunden ziehen lassen. In ein Bowlengefäß seihen. Mit Weißwein und Sekt auffüllen und kalt servieren. Ein Eisblock im Bowlengefäß hilft dabei.

Sie können statt Sekt auch Mineralwasser oder einen Roséwein nehmen.

Rezeptverzeichnis

Der Mosaik-Verlag ist ein Unternehmen der Verlagsgruppe Bertelsmann

München / 5 4 3 2 1
Satz: Filmsatz Schröter GmbH, München
Druck und Bindung: Mohndruck, Graphische Betriebe GmbH, Gütersloh
Printed in Germany
ISBN 3-576-10480-1